조별과제 하다가
폭발하지 않는 법

한 번 배우면 평생 가는 갈등 해결법

얼마 전 인터넷에 어떤 카톡 사진이 돌아다녔어요. 과학 수행평가 유인물을 준비했냐는 한 친구의 물음에 다른 친구가 "그거 어떻게 해? 나 몰라서 아직 안 했다"라고 답했죠. 아마 PPT를 만들고 발표하는 수행평가인 것 같은데, 하루 전날까지 한 친구가 자신이 할 일을 하나도 안 한 거죠. 계속해서 이어지는 카톡 사진을 보고 있으려니 저도 답답했어요. 그보다 인상적이었던 것은 그 게시물 밑에 달린 댓글들이었어요. '심하게 뻔뻔하다', '저런 친구를 만날까 두렵다' 등등. 많은 사람들이 함께 분노하는 장면을 볼 수 있있죠.

갈등의 원인이 된 조별과제

조별과제는 학생들이 학습을 하며 여러 가지를 익히게 하려고 시작됐어요. 과제를 함께 준비하면서 협동심을 키우고, 의견이 다른 친구들끼리 소통하는 방법도 배우고, 과제를 주도적으로 해나가는 리더십까지 기르자는 취지였죠. 또한 선생님의 수업을 받아적고 암기하는 수동적 학습이 아니라 스스로 자료를 찾고 정리하고 발표하면서 자기 주도적으로 학습할 수 있다는 장점도 분명하고요. 팀으로 하는 과제다보니 소극적인 학생들도 친구들과 어울리며 공부하도록 이끌 수 있어요. 물론 여러 친구들이 과제를 진행하다 보면 갈등은 발생할 수밖에 없죠. 그래서 조별과제는 학습과 더불어 갈등의 원인을 분석하고 해결해가는 능력도 익힐 수 있어요. 하지만 이 책을 편 친구들도, 저도 알고 있죠. 어떤 면에서 조별과제가 갈등의 해결 방식을 알려주기는커녕 오히려 교실 속 갈등을 더 키워간다는 사실을요.

저는 학교에서 영어를 가르치면서 청소년 친구들과 더 깊게 소통하고 싶어 상담심리학을 공부했어요. 지금은 전문적으로 청소년 상담을 하고 있어요. 또한 청소년동반자로서 청소년 친구들의 고민을 듣고 깊이 해법을 찾고 있고요. 이 과정에서 많은 친구들이 조별과제 때문에 속상하다는 이야기를 전해줬어요.

어쩌면 우리가 성장할 수 있는 기회일지 몰라

조별과제가 만든 갈등들은 다양했어요. 과제 수행에 참여는 안 하면서 결과만 얻어 가려는 무임승차자 때문에 힘들어하는 친구가 있었죠. 항상 자신이 혼자 모든 일을 도맡게 된다며 '제가 호구일까요'라고 고민하는 친구도 만났고요. 자신과 같이 과제하면 점수가 좋으니까 시키는 대로만 하라는 폭군 때문에 학교가 싫다는 친구, 반대로 의욕은 넘치는데 결과물은 아쉬워서 다른 친구들의 화를 돋우는 분노 유발자도 있었고요.

그렇지만 더 심각한 문제들도 있었죠. 조별과제 때문에 갈등을 겪다가 아예 친구 관계 맺기를 포기하는 학생이 있었고, 친구와 관계 맺기가 어려워지니 아예 학교에 가고 싶지 않아서 전학이나 자퇴를 고민하는 경우도 있었어요. 그리고 조별과제에서 겪었던 갈등 자체를 회피하기 위해 자신이 원하는 것이나 감정 자체를 표현하지 않는 친구들도 있었죠.

여기까지 읽으면 조별과제가 모든 문제의 시작인 것처럼 보여요. 조별과제가 없어지면 교실 안의 갈등도 사라질 것 같고요. 정말 그럴까요? 조별과제가 사라지면 모든 관계의 어려움은 해결되고, 교실은 화기애애하고, 학교 생활도 행복해질까요? 아마 이 질문을 받은 친구들은 선뜻 '그렇다'라고 말하기가 쉽지 않을 거예요.

저는 조별과제야말로 청소년 친구들이 한 걸음 더 성장할 수 있는 기회라고 생각해요. 갈등을 그대로 두면 그저 우리를 괴롭히는 나쁜 것, 그 이상도 그 이하도 아닐 거예요. 그러나 갈등을 마주했을 때 고민하면서 해결 방법을 생각하고, 그 방법을 적용해보면 이후에도 비슷한 상황에서 무너지지 않을 힘이 생길 거예요. 그리고 친구와 문제가 생기면 모든 원인을 친구의 탓으로 돌리지만 여러분도 알 거예요. 때로는 우리 자신 안에 있는 부족한 점들이 관계를 위태롭게 할 때도 있다는 걸요. 이런 자신의 모습을 발견하는 것은 더 나은 나를 만드는 시작이 될 거예요.

갈등 앞에서 당황하지 말자

우리의 삶은 마치 조별과제와 같아요. 완수해야 할 과제도 벅찬데 이것을 수행하기 위해서는 조원들과 협력해야 하죠. 조별 과제에서 만나는 일들은 청소년기에 겪는 단순한 사건이 아니에요. 대학생이 되어서도 조별과제 때문에 힘들어하고, 어른이 되어서도 다른 사람과의 관계 때문에 힘들어하는 사람이 많아요. 이 책을 통해 갈등 해결 방법을 알아두면 나중에 성장해서도 문제가 발생했을 때, 당황하지 않고 잘 해결해갈 수 있어요.

그래서 저는 이 책에서 지금껏 만난 친구들의 이야기를 정리해서 협력의 방법을 찾고 갈등의 진짜 원인을 찾아보려고 해요. 먼저 1조 친구들은 조별과제를 하다가 발생하는 다양한 상황에 대해 이야기해요. 2조 친구들은 조별과제를 하다가 친구들과 멀어지고, 때로는 학교까지 싫어지는 상황에 대해 말하죠. 3조의 친구들은 내가 아닌 다른 사람들과 어울리며 겪는 어려움, 갈등을 해결하지 못한 채 마음이 힘들어진 사례들을 전해주죠. 4조의 친구들은 조별과제를 하면서 꾹꾹 억눌렀던 감정들을 다룰 수 있는 방법에 대해 질문하죠. 저는 이 많은 친구들의 질문에 꼭 필요한 답을 전하려고 해요.

이런 여러 가지 상황에서 흔들림 없이 자신의 길을 가려면 건강한 마음으로 무장해야겠죠. 마음을 돌보는 자신만의 방법을 가지고 있다면 쉽게 지치는 일은 없을 거예요. 그리고 튼튼한 마음과 함께 갈등을 해결하는 데 가장 큰 힘이 되는 존재는 친구예요. 아무리 힘들어도 나를 지지하고 이해해주는 친구가 있다면 어떤 상황에서도 좌절하지 않게 되고요. 한 번 배우면 평생 사용할 수 있는 갈등 해결기를 담은 《조별과제 하다가 폭발하지 않는 법》. 이제 우리만의 고민을 이해하고, 나 자신을 소중히 여기면서 더 좋은 친구가 되어줄 준비가 되었나요? 그럼 이제 책 속으로 들어가보자고요!

차례

선생님, 쟤 때문에
조별과제가 힘들어요

혼자 하는 공부라면 얼마든지 하겠지만, 이상하게도 조별과제는 잘 해내기가
쉽지 않아요. 열심히 도와주면 나를 '호구'처럼 대하고, 함께 준비하면서 잘
했다고 생각했는데 갑자기 친구들에게 미움을 받기도 해요. 그래서 조별과제
활동을 마치고 나면, 가끔 인류애가 사라지는 것 같죠. 청소년들의 관계 갈등
이 모두 모인 조별과제. 1조의 친구들이 어떤 고민을 하고, 또 무엇 때문에 힘들
어하는지 살펴볼까요?

1장

항상 저만 호구인 것 같아요

거절은 최소한의 방어

저는 규연이라고 합니다. 제가 요즘 가장 스트레스받는 일은 모두 학교 친구들 때문에 생기는 것 같아요. 조별과제를 할 때 저는 가급적 친구들을 도와주려고 해요. 자료를 찾기 어려워하는 친구들이 있으면, 제가 더 조사했어요.

저는 어릴 때부터 남을 도와주는 걸 좋아한 것 같아요. 부모님이 남들에게 친절해야 한다고 가르쳐주신 것도 있지만, 무엇보다 도움을 받고 기뻐하는 친구들을 보면 좋더라고요. 유치원 때도, 초등학교에 가서도 친구들의 부탁뿐만 아니라 남에게 도움이 될 만한 것이면 무엇이든지 찾아서 해주었어요. 솔직히 친구들 도와주느라 제 일은 뒷전이 될 때도 있어서, 좀 힘들지만 아이들이 나를 좋아해주는 것 같아서 신났어요.

조별과제 하다가
폭발하지 않는 법

그런데 처음에 친구들이랑 친해지려고 친절을 베풀고, 부탁을 들어
줬더니 점점 더 많은 것을 요구하는 거예요. 조별과제 하면서 자료 한
줄 찾지도 않고는, 제가 대신 찾아준 걸 정리해서 나보다 성적을 잘 받
더니 심지어 고맙다는 이야기도 안 하는 거예요. 차츰 '아이들이 진짜
나를 친구로 여기고 있나?' 하는 생각이 들더군요. 왜냐하면 부탁할 때
는 찾아오지만, 좋은 일이 있을 때는 모르는 척하고, 도와주는 것을 당연
하게 여기고 고맙다는 말은 하지 않더라고요. 아이들이 나를 '호구로 여
기는 게 아닐까'라고 생각하니까 화가 났어요. 그러면서 짜증이 심해진
것 같아요.

내가 그리 만만한가

규연이가 먼저 말해줘서 고마워요. 아마 다른 친구들도 규연
이와 같은 생각을 한번쯤은 해봤을 거예요. 규연이처럼 '아이들
이 나를 호구로 보나?' 하는 생각이 들어서 자신에게 이런 질문
을 던지다 보면 다른 아이들에게 이용당한다고 느껴져서 자존심
이 상하고 화가 나기도 할 거예요.

하지만 아이들이 자신을 착하게 보는데 화를 낼 수도 없어서

아무렇지 않은 척하고 넘어갔겠죠. 이런 일이 반복되면 처음의 좋은 의도는 변질되어 아이들의 부탁은 차츰 많아지고 요구는 점점 도를 넘게 되기 쉽죠. 불만과 화가 쌓이지만, 친구들에게는 마음을 드러내지 못하고 참아요. 그러다 보면 우울할 때도 있고, 폭발 직전의 불안한 마음이 느껴지기도 해요.

> " 제가 뭐가 잘못되었나 봐요. 사실은 학교에서 친구들에게 티는 안 내지만, 집에 가면 저도 모르게 폭발하게 돼요. 점점 짜증이 많아지더니 엄마에게 화도 막 내고 욕도 하고 어느 때는 물건을 집어 던지기도 해요. 그러면 속이 시원할 것 같지만 제 마음도 안 좋아요. 부모님께 죄송하고요. 저는 원래 그런 아이가 아니었거든요. 부모님께 칭찬도 많이 받는 자랑스러운 아들이었어요. 그랬는데 어느 순간 학교에서는 아무 말 못 하고, 집에서는 괴물이 되어버렸어요. "

내가 베푼 호의가 되돌아오지 않을 때

규연이의 이야기를 들어보면 '어떤 스트레스'가 있는 것 같아요. 이런 행동들은 스트레스로 분노의 감정이 쌓였을 때 나타나는 모습처럼 보여요. 피할 수 없는 이런 부정적 감정을 여러분은 어떻게 푸나요? 자기 나름대로 해소 방법이 없다면, 부정적인 감정은 마음속에 쌓였다가 우울증이나 폭력적 행동, 신체적 질병 등의 모습으로 나타나게 된다고 해요.

규연이와 비슷한 고민을 하는 친구들이 많을 텐데, 이 문제는 가볍게 넘어가면 안 돼요. 왜냐하면 친구들에게 휘둘리는 일은 중학교 때 잠깐 있다가 사라지는 것이 아니거든요. 제가 아는 한 친구는 고등학교에 가서 기숙사 생활을 할 때, 이와 비슷한 문제를 겪었다고 해요. 심지어 기숙사 룸메이트는 청소도 잘 안 하면서 그 친구에게 자신이 할 일까지 떠밀었다고 해요. 분란이 생기는 것이 싫어서 청소를 대신해줬더니, 룸메이트가 이렇게 말하는 거죠.

"청소를 깨끗이 안 했다고 선생님께 혼났잖아!"

열심히 도와줬는데 이런 말까지 듣는다면 정말 억울하겠죠?

가정 안의 폭군

여러분은 '가정 안의 작은 폭군'이라는 말을 들어보았나요? 유치원에서는 선생님 말씀을 잘 듣고 칭찬받는 아이인데 집에서는 막무가내로 떼를 쓰고 자기 맘대로 안 되면 가족에게 행패 부리는 아이들을 가리키는 말이에요. 이런 아이들은 밖에서 남을 너무 의식해서 잘 보이려고 애쓰고 참다가 집에 와서는 가족들에게 분풀이를 하는 거예요.

규연이가 밖에서는 친구들에게 좋은 모습만 보이려고 참다가 집에서 화풀이하는 행동과 비슷해 보이지 않나요? 사실 이 문제는 어렵지만 간단한 해결책이 있어요. 싫으면 싫다고 말하는 거죠. 그런데 싫다는 말을 하기가 가장 힘들죠?

규연이는 왜 아이들의 무리한 부탁에 화가 나면서도 거절하지 못하는 걸까요? 규연이는 어릴 때부터 선생님들의 칭찬이나, 친구들의 인정을 받기를 원하는 아이였을 거예요. 사람들에게는 누구나 인정받고 싶은 욕구가 있다고 해요. 남에게 인정받을 때 비로소 자신이 가치 있는 존재라고 느끼는 거죠. 인정 욕구는 나쁘지 않아요. 우리 삶에서 굉장히 중요한 요소이기도 해요. 우리가 공부를 열심히 하는 것도 나중에 사회의 일원으로 인정받고 싶은 마음에서 출발하는 것이기도 하니까요. 나에게 정말 중요한 친구가 나를 필요로 하면 내가 이 세상에 꼭 필요한 존재가 된 것 같잖아요.

인정 욕구는 누구나 가지고 있는 마음이에요. 그런데 우리는 조심해야 해요. 내가 인정받고 싶은 기준이 항상 남에게 있다는 것, 그래서 내 행복을 만드는 사람이 내가 아니라 남이 될 수 있다는 것을 알아야 해요. 이건 자존감과도 연결되는 문제예요. 어릴 때 부모로부터 충분히 수용받지 못하고 자란 사람들은 타인에게 인정받기 위해 애쓰는 사람이 된다고 해요. 어릴 적을 생각해볼까요? 우리는 부모님의 칭찬을 듣거나 그분들의 자랑이 될 때 굉장히 행복했을 거예요. 이런 경험은 우리를 단단하게 만들어주죠.

하지만 가끔 내가 아무리 잘해도 쉽게 만족하지 못하는 부모님을 만날 수 있어요. 그분들의 기분이 좋아지고 더 행복하게 만들기 위해 내가 할 수 있는 것 이상으로 노력하게 되죠. 부모님을 만족시킨다는 건 쉬운 일이 아니에요. 그런데도 나 자신보다 그분들을 만족시키기 위해 노력하다 보면 마음 한구석에서 '싫다' '힘들다' 같은 목소리가 들려도 귀를 기울이지 못해요.

가장 모르겠는 건 수학 문제가 아니라 '나'

부모로부터 수용받은 경험이 적은 아이들은 자라서도 자신이 뭘 원하는지, 무엇을 좋아하고 싫어하는지 알기가 어려워요. 그러다 보니 행복해지는 기준이 내가 아니라 남에게 있게 되고, 나를 인정해줄 사람의 기분과 감정을 더 많이 의식하고 자신의 불편함을 감수하면서까지 노력하게 되죠. 아마 규연이도 친구들이 도움을 요청하고 자신을 찾아줄 때 뿌듯하고, 자신의 수고를 인정해주면 굉장히 만족스러웠을 거예요.

규연이가 부탁을 거절하지 못한 또 다른 이유는 친구들에게 거절당할까 봐 두려운 마음을 가지고 있기 때문이에요. 남을 의식하고 타인의 기준에 맞춰 지내온 사람들이 가장 두려워하는 것은 무엇일까요? 아마 다른 사람에게 거절당하는 것일 거예요. 자신의 존재가 남들에게 인정받음으로써 의미가 있다고 생각하는데, 거절당하면 자신의 존재 자체가 위협을 받는다고 느끼게 되겠지요. 부탁을 들어주느라 힘든데도 거절당할까 봐 두려운 마음에 상대가 하자는 대로 이리저리 끌려다니며 자신의 감정을 표현하지 못해요.

이렇게 내가 원하는 것을 표현하지 못하고, 친구들도 나의 요구에는 관심이 없으니 화가 날 수밖에 없죠. 화를 거대한 풍선이라고 생각해보자고요. 마음속 풍선이 크게 부풀었어요. 크게 부풀수록 풍선은 사람들에게 잘 보이겠죠? 규연이는 자신이 항상 친절한 사람이어야 한다고 생각해서 친구들에게 자신의 풍선을 들키지 않도록 꾹꾹 눌렀을 거예요. 여러분도 부푼 풍선을 눌러본 적이 있죠? 생각처럼 잘 눌리지 않아요. 풍선을 감추고 싶은데, 너무 약하게 누르면 작아지지 않고 너무 세게 누르면 터져버리고 말죠. 그래서 굉장히 애를 써서 풍선을 눌러야 해요. 화도 마찬가지예요.

화가 계속 쌓이면 풍선은 더 커지고, 그럴 때마다 풍선을 감추려고 애를 쓰겠죠. 그러다 어떻게 될까요? 네, 맞아요. 풍선은 감추려 할수록 더 많이 누르게 되는데, 그러면 결국 풍선이 터져버리고 말아요.

내 마음의 소리에 귀를 기울이고 실행하기

여러분은 규연이가 화내지 않고 지내기 위해 어떻게 해야 한다고 생각하나요? 맞아요. 규연이가 하고 싶지 않거나 너무 무리

한 부탁이라면 '못 하겠다'라고 거절하면 돼요. 그런데 거절이 세상에서 가장 어렵죠? 알아요. 그렇다면 거절하는 방법에 대해 배워봐요.

남에게 거절하는 일은 먼저 자신의 마음을 들여다보는 것에서 시작돼요. '내가 진짜 원하는 것은 무엇인가?' 하고 질문해보고 '그것을 하고 싶지 않다'라는 것이 분명하다면 내 마음의 소리를 존중해주세요. 상대방이 어떻게 나올지에 집중하기보다는 '내가 원하지 않으니까, 나는 안 하겠다'라고 생각하고서 나의 진솔한 마음을 담아서 이렇게 이야기하면 어떨까요? "나도 네 부탁을 들어주고 싶어. 하지만 지금은 어려울 것 같아. 나도 학원 숙제가 많아서 그래. 정말 미안해"라고요. 그동안의 반응과 다른 모습에 상대방은 당황하며 서운함을 느끼게 될지도 몰라요. 아무렇지도 않게 "알았어" 하는 친구도 있겠지만 어떤 친구는 "뭐야, 너 옛날이랑 달라졌네" 하면서 싸늘하게 대할지도 몰라요. 친구를 잃을지도 모른다고 생각하니, 두렵죠? 하지만 이건 오히려 좋은 기회예요. 부탁을 들어주지 않는다는 이유로 나를 외면하는 아이들은 진정한 친구가 아니니까요. 언젠가 한번은 정리해야 할 관계가 아닐까요?

이런 자기 의사 표현의 중요성을 알게 되었다고 해도 내일 당장 할 수 있는 건 아니에요. 그래도 조금씩 노력하면 좋겠어요. 그러면서 자신의 화난 마음을 잘 다스리는 방법도 찾아보세요. 아이들의 부당한 요구에 화가 나면 참으려고 애쓰지 말고 '내가 화났구나'라며 내 감정을 인정하고 자기 자신을 토닥이며 잠시 시간을 가져보세요. 그러면 마음이 좀 가라앉을 거예요. 그럴 때 운동이나 산책을 하거나, 자신이 좋아하는 일을 하면서 치유의 시간을 가져보세요. 마음이 편안해지는 사람을 만나서 이야기해도 좋고, 맛있는 음식을 먹는 것도 좋아요.

화가 나는 일이 많다면 자신이 언제, 왜 화를 내는지 적어보는 것도 도움이 될 거예요. 그러다 보면 여러분의 마음속 화는 점점 누그러지고 현재 겪고 있는 어려움을 이겨낼 힘을 쌓아가게 될 거예요. 이런 과정을 통해 '다른 사람에게 보이는 존재가 아니라, 나로서 소중한 존재'로 자신을 만들어가세요.

"거절하고 싶을 땐 그래도 괜찮다고
자신에게 말해주세요."

2장
왜 다들 최선을 다하지 않죠
솔플보다 팀플

선생님, 전 지수라고 해요. 요새 조별과제를 하면서 인류애를 잃어버린 것만 같아요. 조별과제 할 때마다 느끼는 건데요, 친구들에게 맡기면 마음에 들지 않아요. 지난번에도 자료조사를 맡겼더니, 그냥 인터넷을 검색해서 전부 베껴왔더라고요. 주제도 이해 못 한 것 같고요. 준비해온 ppt는 초등학생도 그렇게는 안 만들 것 같다고 느낄 수준이었어요. 그렇다고 발표라도 잘해주면 좋겠는데, 나가서 얼마나 버벅거리는지 '내가 할 걸 그랬다' 싶었죠.

이렇게 아무렇게나 해오니까 맡길 수가 없어요. 지금 음악 수업의 조별과제는 뮤지컬을 만들고 공연하기예요. 곧 발표 날이 다가오는데, 애들이 아무것도 안 해서 결국 제가 노래를 만들고 배역도 정하고 연출도

하고 연습도 시켜요. 그런데 아이들이 열심히 하지 않아서 속이 타요. 노래 연습도 안 하고 외울 생각도 안 해요. 친구들은 왜 그렇게 점수에 연연하냐고 하는데, 이왕 하는 거 서로 즐겁고 재밌게 잘하면 좋잖아요? 우리 조가 점수 잘 받으면 더 좋고요.

협동이란 뭘까

지수의 이야기를 들으니 갑자기 저도 옛날 일을 돌아보게 되네요. 주변에 일도 잘하고 똑똑한 선생님이 계셨어요. 그분이 워낙 잘하시니까 제가 함께 도와야 할 일인데도 '잘하시겠지' 하면서 뒤로 물러난 적이 있거든요. 여러분 주변에도 이런 친구 한 명쯤 있지 않나요? 야무지고 완벽해서 뭐든 잘하는 친구! 든든하지만 뭐든 잘해야 한다며 욕심을 내서 은근 부담스러운 친구요. 만약 이런 친구와 조별과제에서 한 팀이 된다면 여러분은 어떤 마음이 들까요? 어떤 친구들은 지수와 조별과제를 함께한다는 사실만으로 기뻐하겠죠. 지수가 조별과제를 주도적으로 이끌고 결국 좋은 점수를 받을 테니까요. 하지만 동시에 '왜 하필 지수와 같은 팀이 되었을까' 하는 친구들도 있을 거예요. 벌써부터 지수의 잔소리가 들리는 것 같아 피하고 싶은 마음도 드는 거죠.

> 맞아요. 친구들이 저를 불편해하는 것 같아요. 예전엔 저랑 같은 팀이
> 되면 애들이 다 좋아했는데, 얼마 전엔 누군가 '지수랑 한 팀이 아니
> 어서 다행이야' 하고 말하더라고요. 그냥 열심히 하자는 건데, 왜 미
> 움까지 받아야 하는지 모르겠어요. 그런 말까지 들으니까 학교 다니기
> 가 너무 싫어요. 지치고요.

혼자서 할 수 있는 건 많지 않아

조별과제는 혼자 할 수 없어요. 모두 잘 알겠지만 협동해야
만 할 수 있는 과제들이에요. 만약에 5명이 같이 진행한다고 해
봐요. 모두 각자 1/5만큼 역할을 나누면 좋겠지만, 그건 쉽지 않
죠. 어떤 주제에서는 나 혼자서 2/5~3/5을 할 때도 있고, 또 다른
과목에서 나는 아무런 역할을 못 할 수도 있어요. 다들 경험해봤
을 기예요.

그런데 이처럼 갈등의 원인이자 친구끼리 점점 멀어지게 만

드는 조별과제를 도대체 왜 하는 걸까요? 물론 협동하며 과제를 해결하는 법을 배우는 게 가장 중요하죠. 저는 협동 말고 다른 이유도 있다고 생각해요. 누군가에게 의지하고, 또 의지하는 친구들을 도울 수 있는 그런 마음이요. 어떻게든 1인분을 소화하겠다는 것도 좋지만, 가끔은 힘든 친구들을 위해 내가 2~3인분 정도는 할 수 있는 너그러운 마음과 너무 힘들 땐 혼자 끙끙 앓지 말고 친구들에게 도와달라고 말할 수 있는 용기를 배우는 시간이죠.

지수는 조별과제를 잘해야 하는데 친구들이 자신의 마음과 같지 않아서 속상하다고 말했지만, 지수도 알 거예요. 남들과 협동하라는 조별과제를 할수록 조원들과의 관계는 더 불편해질 수 있다는 것을요. 지수도 열심히 하자고 했을 뿐인데 친구들이 자신을 멀리하는 것 같으니 얼마나 서운하겠어요. 선생님은 지수에게 물어보고 싶어요. 지수는 왜 그렇게 조별과제를 '열심히' 그리고 '부지런히' 하는 걸까요? 좋은 점수를 받기 위해서일까요? 자세히 들여다보면 지수뿐만 아니라 다른 친구들도 지수만큼은 아니지만 마음 안에 항상 성실해야 한다고 다그치는 누군가가 있지 않나요?

채찍질만 하면 지칠 수밖에

겉으로 드러나진 않지만 다들 마음 한구석에 뭐든지 다 잘해야 하고, 완벽해야 한다는 생각이 있을 거예요. 이런 생각이 나쁜 건 아니에요. 공부도 잘하고 싶고 친구와도 잘 지내고 싶고, 모두 뭔가 더 잘하고 싶다는 마음에서 비롯돼요. 만일 더 잘하고 싶은 마음이 사라진다고 상상해봐요. "이 정도면 됐다"는 마음은 우리의 성장을 방해할 수도 있어요. 만약 콜럼버스가 더 먼 세상을 탐험하고 싶다는 생각을 안 했다면 어땠을까요? 학교 건물을 누군가 학생들의 안전을 위해 완벽하게 만들고 싶다고 마음먹지 않았다면요?

선생님은 지수가 지친 이유를 조금 알 것 같아요. 어지간히 하는 것은 마음에 차지 않아서 항상 성실하게 조별과제에 참여해요. 그런데 나에게 주어진 결과가 그리 뿌듯하지 않아요. 그러면 '아, 내가 부족하구나' 하며 다음에는 더 열심히 과제를 하죠. 또 좋은 점수를 받지만, 이상하게 만족이 안 되고 부족한 점만 보여요. 자기뿐만 아니라 친구들의 단점도 눈에 잘 들어오고요. 항상 많은 노력을 쏟아 붓지만 만족스럽지 않은 상황이 반복되면 사람은 지칠 수밖에 없어요. 사람은 느긋하게 게으름도 피우고 쉬기도 해야 하잖아요. 그런데 머릿속에 누군가가 '이걸론 부족해! 더 달려야 해!' 하며 채찍질만 한다면, 결국 어느 순간에 쓰러지겠죠.

선생님은 지수의 에너지가 바닥난 상태라고 봐요. 이건 중학생만의 문제는 아니죠. 우리나라 사람들은 "뭐든 열심히, 최선을 다해야 한다"를 듣고 자라요. 그래서 겉에서 보면 유능하지만 마음속은 긴장과 불안에 지쳐 어떤 활기도 느끼지 못하는 사람이 많은 것 같아요.

> 그런데 잘해야 한다는 마음이 멈추지 않아요. 우리 집에서 저는 막내예요. 언니 둘은 정말 공부를 잘해요. 부모님은 항상 언니들을 칭찬하고, 친척 집에 가면 다들 언니들을 환영하는 분위기예요. 저도 언니들처럼 되고 싶어요. 그러기 위해서는 성적이든 친구 관계든 다 좋아야 하는데, 중학교 2학년인 지금 벌써부터 실패한 건가 싶어요.

내 마음에 여유 주기

몸과 마음이 너덜너덜해졌다면 다시 회복해야 해요. 아까 말했던 것처럼 자신을 채찍질만 하는 지수를 말려야 하죠. 그러기 위해서 우리는 마음의 여유를 가져야 해요.

지수에게 말해주고 싶어요. 지수는 언니들보다 잘해서 칭찬도 받고 언니들 같은 사람이 되겠다고 목표를 세웠을 거예요. 그런데 그 기준은 어디서 출발하나요? 그렇죠. 내가 아니라 '언니들'로부터 시작하죠. 그러다 보니 자신도 모르게 또래보다 높은 기준과 목표를 세우고 그것을 달성하기 위해 자신을 닦달하게 된 것은 아닌지요.

자신에게 여유를 주는 방법이 있어요. 먼저 지금의 내 마음을 받아들이는 거예요. '쉽게 닿지 않을 만큼 기준을 높게 세워놓고, 나와 친구들에게 거기에 맞추라고 강요하는구나' 하고요. 그리고 기준을 지금, 여기에서 시작해봐요. 아까 말한 조별과제인 뮤지컬에서도 오늘 연습한 상태에서 내일은 조금 더 발전시킨다, 그다음 날은 전날보다 조금 더 발전시킨다, 이런 식으로 구체적인 목표를 정하는 것이지요. 그러다 보면 서로 연습하면서 화합하고 성장하는 모습을 발견할 수 있어요. 성취감도 느낄 수 있을 거예

조별과제 하다가
폭발하지 않는 법

요. 그리고 내가 이룬 일이 만족스럽지 않고 부족한 듯이 여겨질 때는 '이 정도면 됐어. 너는 충분히 열심히 했으니 잘한 거야' 하고 자신에게 말해주세요.

완벽한 사람은 없어

항상 기억하세요. '언제나 모든 일에 완벽한 사람은 없다'라는 사실을요. 여러분은 특히 날마다 배우고 성장하는 청소년이잖아요? '실수도, 실패도 할 수 있다'라고 자신에게 말해주세요. 지금 실수하고 실패해야 뭐가 부족한지 배울 수 있어요. 지금은 나 자신이 어떻게 성장하는지가 더 중요한 시기잖아요. 무엇보다 여러분은 완벽해서 사랑받는 존재가 아니라 있는 그대로 사랑받을 만한 존재라는 것을 꼭 기억하세요.

여러분이 지나치게 노력하다가 지쳐버리는 사람이 되지 않기 위해서는 뭐든지 다 열심히 해야 한다는 생각을 바꾸려고 해보세요. 사람의 시간과 에너지는 한정되어 있어서 모든 것을 다 잘할 수는 없어요. 그러니 열심히 할 것과 포기해야 할 것을 추려 보는 지혜가 필요해요. 음악 시간에 뮤지컬을 만드는 일은 유익한 경험이 될 거예요. 만약 지수의 꿈이 뮤지컬 배우라면 그 기회를 놓치지 말고 적극적으로 해보면 좋겠죠. 그런데 늘 그래왔듯이 뭐든 열심히 해야 한다는 데서 비롯된 거라면, 이번 조별과제는 친구들과 함께 천천히 즐기겠다는 마음으로 임하면 좋겠어요. 무엇이든 '나를 위해서' 하는 것이고 '내가 행복해지려고 한다'라는 생각이 지수의 성장에 큰 도움이 될 거예요.

지수와 함께 조별과제를 하는 친구들에게도 말하고 싶어요. 조별과제를 하는 지수의 적극적인 태도 덕분에 점수를 잘 받아서 좋기도 하지만, 곁에서 지수가 과제를 해내는 모습을 보며 많이 배우기도 하지 않았나요? 지수가 이제까지 2~3인의 역할을 했다면, 이번에는 친구들이 지수의 짐을 조금 덜어줄 수도 있을 거예요.

앞에서 조별과제를 하는 이유가 뭐라고 했죠? 협동이기도 하지만 누군가에게 온전히 기대고, 또 그 손을 잡아줄 수 있는 마음을 배우는 것이라고 했죠. 지금 지수는 굉장히 용기를 내 손을 내밀고 있어요. 지수의 손을 잡아주세요. 뮤지컬 만점 받는 것보다 지수 마음에 귀 기울여주는 게 훨씬 더 행복할지 몰라요.

여러 해 동안 출퇴근길에 지나다녔던 집 근처 도로가 있어요. 하루는 도로 옆에 난 길을 거닐다가 작은 과수원을 발견했어요. 과수원 울타리에는 노란 호박이 매달려 있고 그 아래에는 코스모스들이 바람에 춤을 추고 있었어요. '가까이에 이렇게 예쁜 것들이 있는 줄 여태껏 몰랐다니' 하는 생각이 들더군요. 출근해야 한다는 생각에 매몰되다 보니 그 풍경들을 놓쳤던 거죠. 요즘은 과수원 옆길을 천천히 걸으면서 꽃들에게 미소를 보내고 잘 익어가는 호박에게도 칭찬을 건네고 있어요.

주변을 살필 겨를조차 없이 목적만을 향해 달리느라 나를 위로해줄 소중한 것들을 놓치고 있는 것은 아닐까요? 옆에 있는 친구들을 따뜻한 눈으로 바라보고 마음을 나누어보세요.

"친구 안에서 완벽함보다는
따스함을 보는 눈을 가지세요."

3장

나를 막 대하는 친구가 미워요

분노 유발자 사이에서 나 지키기

저는 승운이라고 해요. 얼마 전 사회 시간이었어요. 다른 나라들의 자연환경을 알아보고 발표하라는 조별과제가 나왔어요. 빨리 주제를 정해야 하는데, 다들 아무것도 안 하고 있더라고요. 보기만 해도 한숨이 났지만, 꾹 참고 조심스럽게 주제를 제안했어요. "스위스의 자연환경으로 할까?" 그런데 한 친구가 곧장 "아! 싫어! 너 뭐 돼?" 하며 화를 내더라고요. 나름 가깝게 지내는 친구라고 생각했는데 대놓고 내 의견을 무시하니 어이가 없었어요.

이 일만 있는 게 아니에요. 중간고사 끝나고 함께 놀기로 했는데 약속 시간에 연락이 안 되는 거예요. 맨날 핸드폰만 붙잡고 있는 거 잘 아는데, 전화를 안 받는 거죠. 폭발 직전이었어요. 화가 쉽게 가라앉지

조별과제 하다가
폭발하지 않는 법

않은 채로 집에 돌아왔더니 갑자기 눈물까지 나더라고요. 그다음 날 학교에서 "너 뭐야! 왜 전화를 안 받아" 했더니, "미안!" 한 마디 던지고 아무 일도 없었다는 듯이 행동하는 거예요. 뻔뻔한 그 친구의 태도를 보며 어이가 없었지만, 학원도 같이 다니는 마당에 껄끄러워지면 안 될 것 같아서 더는 말을 안 했어요. 약속도 안 지키고 툭하면 절 무시하는 저런 놈을 친구로 여겨야 한다니, 제 신세가 딱하더라고요. 정말 그 친구는 미안하기는 한 걸까요?

이게 다 너 때문이야

여러분은 승운의 고민을 들으니 어때요? 다들 한번쯤 비슷한 고민을 하지 않았나요? 승운을 속상하게 만드는 친구를 A라고 해보죠. 승운은 A만 생각하면 속이 부글부글 끓고 학교에 가기도 싫어진대요. A가 자신을 함부로 대하는 걸 보고 다른 친구들도 자신을 업신여기는 것 같아서 너무나 속상하다고 하네요. 누구든 승운의 마음을 알아주면 좋을 텐데 가족들도 "그런 건 사춘기에 다 겪는 일이야. 이겨내야 한다"라고 하면서 전학은 안 된다고 하셨대요.

승운의 친구 A는 왜 사람을 함부로 대하는 걸까요? 특히 모둠 수업은 여러 친구들이 함께 모이는 자리인데, 친구에게 면박을 들으면 속상하죠. 승운의 이야기를 들으면서 여러분도 무례하게 행동하고 사과도 하는 둥 마는 둥 속을 뒤집어놓는 친구가 떠올랐나요? 주먹을 한 대 날려도 시원찮은데 아무 말도 못 하고 그냥 넘어갈 수밖에 없는 자신이 무기력하게 느껴지고, 마음이 용광로처럼 부글부글 끓어올랐다가도 '어쩔 수 없지' 하고 포기했던 적이 있을 거예요.

이처럼 무례하게 행동하고 상대방을 무시하는 말을 내뱉으며 상처 주는 사람은 우리 주변에 많아요. 이런 친구와 부딪히다 보면 마음이 약한 내가 그 녀석의 먹잇감이 된 것 같고, 그의 화풀이 대상이 된 것 같아서 자존심이 상하죠. 게다가 그런 친구들은 얼마나 변덕스러운지…. 거기에 계속 휘둘리는 것도 화가 나죠. 그래서 그 아이만 없다면 학교생활이 괜찮을 것 같아요. 그러면 전학만이 유일한 해결책처럼 여겨지겠죠.

분노 유발자에게 당하지 않는 법

평온한 우리의 마음을 헤집는 이런 A 같은 '분노 유발자' 친구들. 머릿속에 떠올리기도 싫겠지만 곰곰이 생각해보세요. 이 친구들 사이에 어떤 공통점이 있지 않나요? 그런 친구들은 센 척하고 화가 많다는 거예요. 자신이 뭐나 되는 듯 으스대고 목소리를 높이며 잘난 척하지만, 강자 앞에서는 꼼짝 못 하고 약한 아이들 앞에서는 거칠게 행동하지요.

승운이를 힘들게 한 A처럼 친구들에게 이유 없이 화를 내는 사람은 의외로 속이 여리고 자존감이 낮다고 해요. 그렇다면 궁금해질 거예요. '화'는 도대체 뭐지, 하고요. 화는 기본적으로 '자신의 욕구 실현이 저지당하거나 어떤 일을 강요당했을 때, 이에 저항하기 위해 생기는 부정적인 정서 상태'를 말해요. 보통 우리의 이익이 침해당하거나, 손해를 강요당하거나, 위협을 당하는 불합리하고 부당한 상황에서 생길 수 있어요.

화의 특징이 무언가를 침해당하고, 손해보는 사람이 만나는 감정이라는 점을 생각하면 화를 잘 내는 사람은 자신이 원하는 걸 자주 이루지 못했다는 것을 알 수 있어요. 이런 사람들은 좌절된 마음과 항상 뭔가 부족하게 느껴지는 자신의 결핍, 그리고 텅

빈 마음을 채우려는 방법으로 '무시'를 선택해요. 누군가를 무시함으로써 자신의 존재감을 확인하고 낮은 자존감과 여린 속내를 감추는 것이라고 할 수 있어요.

이런 성격은 성장 과정에서 부모가 자기감정을 공격적으로 표현하는 모습만 보고 자랄 때 만들어진다고 해요. 그리고 감정을 어떻게 분출하고 표현하는지를 배운 적 없는 사람들도 이런 행동을 한다고 해요. 자존감이 부족한 사람들은 자신이 통제할 수 있는 사람을 공격의 대상으로 삼아요. 이들의 태도를 꾹 참아주는 사람, 자신보다 자존감이 낮아서 함부로 대할 수 있는 사람이 그 대상이 되지요. 그런 친구들에게 끌려다니지 않기 위해서 자신만의 확고한 태도와 의사 표현이 중요해요.

나를 사랑하기 위한 첫걸음

"

선생님, 저는 새 학기에 겨우 사귄 친구랑 멀어질까 봐 너무 두려워요. 저 예전에 따돌림당한 경험도 있거든요. 그냥 참아야 할까요?

"

조별과제 하다가
폭발하지 않는 법

승운이는 지금 불안하고 걱정도 될 거예요. 그래서 나를 함부로 대하는 친구의 비위를 맞추면서 그 관계를 유지하려고 하겠지요. 내 곁에 친구가 있다는 안정감 때문에 자신의 마음을 희생하는 것이라고 할 수 있어요.

여러분이 보기에 어떤가요? 이 두 사람의 관계를 친구 사이라고 할 수 있을까요? 아마 여러분도 아니라고 생각할 거예요. 친구는 서로 친밀감을 느끼는 평등한 관계에서 각자 배려하고, 함께 성장하는 사람이에요. 승운의 친구 A처럼 나를 낮잡아보고 자기감정을 배출하는 대상으로 삼는다면 더는 친구라고 할 수 없겠지요.

이런 친구에게 어떻게 행동하는 것이 좋을까요? 자신만의 확고한 태도와 의사 표현이 중요하다고 말했는데, 좀더 구체적으로 설명해볼게요. 누군가 우리에게 무례한 행동을 하면, 불쾌한 마음을 꾹 참고 모호한 표정이나 웃으면서 넘어가면 안 돼요. 자기가 지금 느끼는 감정과 생각을 명확하게 표현하세요.

"친구 사이에 그런 행동은 아닌 것 같아."

"그런 말 때문에 힘들어."

부드러운 목소리로, 하지만 단호하게 내 의사가 전달되도록 말하는 것이죠.

혼자면 어때? 나는 나로서 중요해

불쾌한 마음을 표현했을 때 상대방이 자기 잘못을 깨닫고 사과하면 좋겠지만, 그런 경우는 거의 없다는 사실을 우리는 잘 알아요. 아마 그 친구는 갑자기 바뀐 여러분의 태도에 당황하면서 부당한 일을 당한 것처럼 기분 나빠하고 비난할 수도 있어요. 자신이 누렸던 것을 빼앗겼다고 느낄 때 누구든지 속이 쓰릴 테니까요.

지금까지 형식적으로 유지해온 친구 관계가 깨진다 해도 두려워하지 않았으면 좋겠어요. 청소년기에 소속감은 굉장히 중요하기 때문에 혼자가 되는 것은 감당하기 힘든 일이에요. 남들이 나를 어떻게 볼지도 신경 쓰이겠지요. 하지만 내 마음을 들여다보고 진정 원하는 것을 찾으며 직접 실천한 경험은 사람을 더 단단하게 만들 수 있어요. '혼자면 어때? 나는 나로서 중요하거든'이라는 마음으로 그 결과에 대해 받아들이도록 노력해보세요. 처음엔 힘들겠지만 그래야 희생자 역할에서 벗어날 수 있어요. 혼자 있기 두렵다는 이유로 좋지 않은 관계에 자신을 내버려둔다면, 결국 나 자신에게 느껴야 할 소속감이 사라질지 몰라요.

상처받고 화나는 상황에 대해 남을 탓하고 원망하면서 고통

조별과제 하다가
폭발하지 않는 법

받기보다 내가 내 마음의 주도권을 잡는 것이지요. 마음속에서 '저 녀석은 친구가 아니야'라고 말하는 소리에 귀를 기울이고, 솔직하게 말하는 것. 그게 바로 나를 소중히 여기는 방법이고, 그럴 때 진정한 친구도 사귈 수 있을 거예요.

다른 더 좋은 친구, 서로를 이해하고 배려하며, 동등하게 서로의 성장을 위해 나아갈 수 있는 그런 친구를 찾아보세요.

"나를 위해 용기를 내는
진정한 영웅이 되어주세요."

4장

제가 무임승차자래요

타인에게 상처 줄 권리를 가진 사람은 없다

전 현수라고 해요. 얼마 전 수학 시간에 선생님께서 모둠별로 수학 공식을 풀면 방에서 탈출할 수 있는 상황극을 만들라고 하셨어요. 이제 껏 경험하지 못했던 조별과제라 재미있을 것 같았어요.

선생님이 번호순대로 팀을 짜주고 계획을 세우라고 하셨어요. 제가 친구들의 의견을 모아서 주제를 정하고 역할도 분담했죠. 다들 적극적으로 의견을 냈고, 호응도 나쁘지 않았어요. 다 잘된 줄 알았죠. 그런데 다음 날 학교에 왔더니 같은 조 친구들이 저와 상의도 없이 주제를 바꿔 버렸어요. '상황극과 잘 안 맞다'라면서요. 불만이 있었으면 어제 이야기할 것이지 이런 법이 어디 있나요? 황당하고 속상했지만 그리 친하지도 않고, 평소에도 안 좋게 생각하던 아이들이라서 아무 말도 하지 못했어요.

그래도 조별과제는 마쳐야 하니까 어떻게 해야 하냐고 물어봤더니 "그것도 모르냐, 이제까지 뭘 들었느냐?" 하며 무시해요. 심지어 활동에 끼워주지도 않았어요. 그래서 저는 아무것도 할 수 없어 그냥 가만히 있었어요. 그랬더니 어느 순간 제가 조별과제에 무임승차한 아이가 되어버렸더라고요. 다른 친구들까지 수군대는 것 같았어요. 그때 이후로 나에게 말을 걸어주는 아이도 없고 외톨이가 되어버렸어요. 그러다 보니 친구들에게 어떻게 다가가야 할지도 모르겠어요. 그래서 지금은 포기했어요. 혼자 지내는 게 좋더라고요.

내가 조별과제 빌런이라니

여러분의 조별과제는 어땠나요? 요즘은 문제를 해결하는 과정을 통해서 소통과 협동을 기르기 위해 조별과제가 더욱 강조되고 있어요. 하지만 친구들과 함께해야 하는 조별과제는 오히려 친구들과의 소통과 협동을 막는 계기가 되기도 해요. 도대체 조별과제가 왜 이토록 우리를 힘들게 하는 걸까요? 차라리 혼자 밤새 시험공부하는 게 낫겠다 싶기도 하죠.

조별과제는 단순히 책상을 이어 함께 앉아 있다고 진행되진 않아요. 조별과제를 할 때, 우리에게는 어떤 공통의 목적을 이루기 위해 자신의 의견은 적절히 표현하되 상대를 배려해야 하는 새로운 과제가 따라오기 때문이에요. 그런데 조별과제를 하다 보면 이런 점이 부족해서 남에게 피해를 주거나 얄미운 생각마저 들게 하는 아이들이 꼭 있어요. 일명 '조별과제 빌런'이지요. 여러분이 만난 가장 화나게 하는 빌런은 누구인가요? 아마 그중에 최악은 아무것도 안 하고 좋은 결과만 받으려는 친구들이죠. 그런데 의도치 않게 내가 무임승차자가 되었다면 그 마음은 어떨까요?

현수의 고민에 어떤 친구들은 '상의도 없이 자기들 마음대로 바꾸었을 때 뭐라 말했어야 하지 않나?' 하는 마음이 들 수도 있어요. 현수도 말했지만 같은 조가 된 친구들 중에 나만 빼고 다들 친하다면 쉽게 말할 수 있을까요? 게다가 그 친구들이 반에서 좀 '세다' 하는 아이들이라면요. 여러분도 아시다시피 그런 친구들과 문제가 생기면 꽤 껄끄러워져요. 현수는 이 일로 상처를 입고 마음의 문을 닫아버렸어요. 마음속으로는 친구를 원하지만, 다가가지 못하게 된 것이죠.

'그 일로 그렇게까지?' 하고 생각할 수도 있지만 만약 이전에 따돌림을 당한 상처가 있다면 이 상황이 전혀 다르게 보일 거예요. 잘못된 행동은 그 친구들이 했는데 결과적으로 자신이 조별 과제에 무임승차하는 비호감의 아이가 되어버린 거죠. 누군가 날 대놓고, 혹은 은밀하게 거부하고 배척한다고 느낀다면 수치심과 좌절감에 빠지기 쉬울 거예요. 더구나 반 아이들이 모두 나를 그런 눈으로 보고 수군댄다고 느낀다면 학교생활이 얼마나 고통스러울까요? 자기편이 되어줄 사람을 만들지 못하고 지속하여 이런 상처를 입게 된다면 학교생활조차 어렵게 되지 않을까요?

상처받지 않고 나를 보호하는 방법

> 선생님, 아무래도 그때 제가 더 적극적으로 이야기했어야 했겠죠?
> 이게 다 제가 소심해서 그런 것 같아요.

우리는 현수에게 어떤 말을 해줄 수 있을까요? 과연 소심한 성격이 문제였을까요? 적극적으로 나섰다고 해서 상황이 달라지지는 않았을 거예요. 아마 팀원들의 냉담한 반응으로 더 큰 상처를 받았을지도 모르지요.

그렇다면 친구들을 괴롭히는 아이들은 어째서 이런 행동을 하는 걸까요? 대개 이런 아이들은 자기 삶의 욕구가 좌절되었거나 열등감을 가지고 있다고 해요. 보통 혼자 다니지 않고 무리를 지어 다니지요. 왜 그럴까요? 혼자만으로는 부족하다고 느끼고 있어서 그래요. 그 무리 속에서 자신의 못난 부분을 감추고 센 척 가장하면서 지내는 거예요. 그러다가 자기 눈에 거슬리는 아이를 괴롭힘의 표적으로 삼아요. 그 대상은 자신의 열등감을 자극하는 잘난 아이가 될 수도 있고, 자신의 우월감을 부추기는 약한 아이들이 될 수도 있어요. 그런 성향을 잘 아는 주변 아이들은 동조하지 않으면 자기도 공격의 대상이 될까 봐 두려워서 따라할 수밖에 없게 되죠.

그러므로 괴롭히는 아이들은 자기만의 문제를 가지고 있는 아이들인 것을 기억하고, 괴롭힘을 당하는 경우 나에게 잘못된 부분이 있다고 자신을 비난하는 것을 멈춰주세요. 다른 사람을 함부로 대하고 상처 주는 것을 정당화할 수 있는 사람은 아무도 없으니까요.

혹시 여러분에게 상처 주려고 작정하고 말로 공격하는 아이들이 주변에 있나요? 그 아이들은 상대방이 어떤 말을 들을 때 가장 마음이 힘들어진다는 것을 알고는 여러분을 넘어지게 하려고 할 거예요. 그러니 여러분에 대해 하는 말 중에서 고칠 부분이 있으면 쿨하게 받아들이고 고치려고 노력하면 돼요. 만약 그것이 아니라 상처 주려고 하는 말이라면 상처 입지 않기로 다짐하고 무시하는 태도로 나가세요. 이럴 때는 나를 믿고 이겨내는 용기가 필요해요. 여러분을 미워하는 사람들을 신경 쓰는 데 시간을 낭비하지 말고 여러분을 좋아하고 아껴주는 친구에게 관심을 두세요.

어떤 때는 아이들의 괴롭힘이 스스로 감당할 수 없을 만큼 힘들 때도 있어요. 그런데도 부모님께 걱정시키고 싶지 않고 선생님께 말씀드려도 도움을 받을 수 없다고 생각해서 아무 말도 못하고 혼자 끙끙대다 보면 마음의 병이 깊어질 수도 있어요.

그럴 때는 언제나 여러분을 도우려는 손길이 많다는 것을 기억하고 학교 상담실이나 전문 상남 기관에 도움을 청해보세요. 혼자 해결할 수 없는 영역을 인정하는 것은 진짜 용기 있는 사람만이 할 수 있어요.

감추어져 있는 보석

얼마 전 해외토픽 기사에서 이런 이야기를 본 적이 있어요. 벼룩시장에서 오래된 반지를 아주 싼값에 샀는데 감정 결과, 수십억 원짜리 다이아몬드 반지로 밝혀진 행운의 주인공 이야기예요. 버려진 물건들 속에서 함부로 다루어졌어도 그 반지는 고귀한 가치를 그대로 가지고 있었어요. 다만 그것을 알아주는 사람을 만날 때까지 그 소중함이 드러나지 않았을 뿐이지요. 지금 주변에서 여러분을 함부로 대한다고 해서 여러분의 가치가 달라지는 것은 아니에요. 먼저 여러분 자신이 여러분의 가치를 알아주세요. 그러면 여러분은 언제나 값진 보석으로 빛날 거예요.

"자신이 언제나 가치 있는 보석임을
잊지 마세요."

5장

왜 항상 저만 배려해야 해요

갈등은 우정의 필수 요소

저는 서진이라고 합니다. 제 단짝 혜지와 저는 초등학교 때부터 아주 친했어요. 다른 친구들처럼 저희도 싸우곤 하지만, 곧 화해하고 다시 잘 지내요. 그런데 이번에 혜지와 조별과제를 하면서 이 친구랑 계속 잘 지낼 수 있을지 고민하게 됐어요.

이번 사회 시간에 외국의 도시를 소개하는 조별과제를 진행했어요. 학교 도서관에서 제가 필요한 책을 찾고 있는데, 갑자기 혜지가 사라졌어요. 처음엔 화장실에 갔나 싶었어요. 한 시간이 지나도 돌아오지 않아 혜지를 찾으러 나갔어요. 그런데 혜지는 다른 친구들과 신나게 웃고 있더라고요. 혜지는 인싸고 새 친구들도 쉽게 사귀어요. 저는 친구들과 친해지는 데 시간이 걸리는 편이라서 새 친구들과 어울리는 것이 좀

벅찰 때도 있지만 혜지 덕택에 좋은 친구들을 많이 만나게 되었거든요. 조금 기분이 안 좋았지만 내색하지 않고 발표 준비를 하자고 했더니, 먼저 가래요. 저는 뭐든 미리 준비하는 사람이라 혜지와 그날 조사를 다 끝내고 싶었어요. 그랬더니 혜지가 나중에 집에서 조사하겠다는 거예요. 전 혜지가 '나중에'를 말하지만 한 번도 제대로 지킨 적이 없다는 걸 잘 알아요. 혜지는 좀 느긋한 편이라서 약속 시간에 늦는 일도 많고 매번 이렇게 일을 미루는 편이에요.

너무나 다른 너와 나

마음이 잘 맞고 좋은 친구인데도 이처럼 맞지 않는 부분이 있다면 정말 속상할 것 같아요. 서진이는 왜 단짝인 혜지와 갈등을 겪는 걸까요? 그것은 아무리 내 마음을 잘 알아주고 나를 받아주고 서로 잘 통하더라도 사람마다 고유한 특성과 행동 방식이 있기 때문이에요. 이것을 성격이라고 해요. 어떤 사람이 생활하면서 유지하고 발전시킨 자기만의 독특한 행동은 바로 이 성격에 의해서 나오게 돼요. 그러므로 성격이 다르면 마음이 잘 맞다가도 사소한 일에서 처리하는 방식의 차이 때문에 갈등이 생길 수 있어요.

그렇다면 이 친구와 혜지의 성격은 어떻게 다른가요? 이 친구는 차분하고 조용한 성격인 것 같죠? 그래서 많은 친구와 어울리는 것을 힘들어하고, 처음 보는 친구들과 친해지려면 시간이 걸리는 타입이에요. 그리고 어떤 일을 할 때는 계획을 꼼꼼히 세우고 그것에 따라 일을 처리하는 것을 편안하게 여겨요. 만약 그 과정에서 준비물을 챙겨오지 못하는 것과 같은 예상치 못한 일이 생기면 유연하게 대처하지 못하고 몹시 당황해서 화를 내게 돼요. 반면에 혜지의 성격은 어떤가요? 활동적이고 에너지가 넘치며 새로운 경험을 즐겨요. 친구들도 쉽게 사귀고 많은 친구와 어울리는 것을 좋아해요. 그래서 새로운 친구들을 데리고 오는 거예요. 모두가 친해지는 것을 좋아하니까요. 그리고 그때그때 상황에 따라 행동하는 것을 좋아하고 시간을 여유롭게 쓰는 것을 좋아해요. 그래서 다른 사람이 볼 때는 시간 개념이 부족한 사람처럼 보일 수도 있어요. 미리 와서 항상 기다려야 하는 친구라면 혜지에게 화를 내는 것도 이해할 수 있죠.

성격이 달라서 친구 사이에 갈등이 있다면, '나와 성격이 딱 맞는 친구를 사귀면 어떨까?' 하는 생각이 들어요. 하지만 나와 딱 맞는 친구를 만나는 것은 불가능한 일일 거예요. 나와 비슷해서 잘 맞는 친구를 사귀면 편하고 갈등을 줄여줄 수도 있지만, 새로운 경험으로 자신을 성장시키는 기회를 놓치게 될 수도 있어요. 서진이가 자기와 똑같은 성격의 친구만을 고집한다면 놀이동산에 친구와 가는 즐거운 경험은 하지 못할지도 몰라요. 당장은 어려움이 있더라도 용기 내어 다양한 성격의 친구들을 사귀는 것이 건강한 성장과 풍요롭고 즐거운 삶을 위해서 필요해요.

> 혜지의 여러 가지 못마땅한 모습에 저도 모르게 폭발한 것 같아요. 저는 항상 혜지에게 맞추는데, 혜지는 저를 배려하지 않는 것 같아요. 혜지는 도대체 왜 이러는 걸까요? 제가 혜지를 이해하지 못하는 걸까요? 저를 가장 괴롭히는 사람이 단짝이라는 사실을 받아들이기가 힘들어요.

나와 너를 알기

다양한 성격의 친구들과 갈등 없이 좋은 친구가 되려면 어떻게 해야 할까요?

먼저는 자신의 성격을 잘 알아야 해요. 여러분은 어떤 성격인가요? 여러분 성격의 좋은 점은 무엇이고 약한 점은 무엇인가요? 여러분은 어떤 친구와 있으면 편안하고 어떤 친구와 있으면 불편한가요? 이런 질문에 답을 찾아보고 자신의 성격을 알면, 상황에 맞게 적절히 조절할 수 있어서 친구를 사귀는 데 도움이 돼요. 만약 자신이 계획적이고 신중한 성격이면, 친구에게 꽉 막힌 인상을 줄 수 있어요. 그런 부분을 염두에 두면 너무 틀에 맞추지 않으려고 노력할 수 있을 거예요.

혹시 '나도 이런 성격이면 좋을 텐데, 내 성격은 너무 단점이 많아'라고 생각한 적이 있나요? 성격이란 상황에 따라서 좋은 점이 될 수도, 나쁜 점이 될 수도 있어요. 그래서 완벽한 성격이란 없어요. 그러므로 자기 성격의 좋은 점을 살릴 수 있도록 노력해 보세요. 만약 이 친구처럼 수줍어하고 신중한 성격이라면 '나는 왜 이렇게 적극적이지 못할까?' 하고 속상해하는 대신 실수 없이 정확하게 일을 할 수 있는 장점으로 여기면 좋겠어요.

자신의 성격을 잘 이해한 다음에는 친구의 성격을 파악하는 것이 친구 관계를 유지하는 데 중요해요. 즉 많은 사람을 사귀는 것을 좋아하고 활동적인 혜지의 성격을 이해하면 다른 아이에게 친구를 빼앗긴다는 걱정은 하지 않을 수 있을 거예요. 오히려 혜지 덕분에 더 많은 친구를 사귈 수 있고 많은 경험을 할 수 있어서 좋다고 생각할 수 있겠죠. 그래도 너무 힘이 든다면 혜지에게 자신의 마음을 이야기하세요. "나는 에너지가 많지 않아서 좀 힘이 들어" 하거나 "새로운 친구들도 좋지만, 너와 충분한 시간을 가지면 더 좋을 것 같아" 하고요. 그리고 혜지가 자신처럼 계획적이고 조직적이지 못한 것에 대해서도 그의 성격이니까 이해하고 좀더 시간을 지킬 수 있도록 부탁해보세요. 느긋한 성격의 혜지도 앞서 미리 재촉하는 서진이의 태도 때문에 힘들어할 수도 있다는 점을 생각하고 시간적으로 여유를 두고 약속하는 것도 필요할 거예요.

완벽하고 결점이 없는 사람은 없어요. 자신과 상대방의 결점을 받아들이고 이해하면서 친구를 맺어가는 거예요. 그러므로 내가 먼저 친구의 부족한 점을 이해하고 받아들인다면 분명 좋은 친구 관계를 만들 수 있을 거예요.

여러 가지 색깔 속에 숨겨진 아름다움, 무지개

얼마 전 서울 하늘에 예쁜 무지개가 떴다는 소식이 사진과 함께 뉴스 창에 올라왔어요. 빌딩 숲 사이로 보이는 푸른 하늘에 무지개가 쓱 걸쳐 있었지요. 언제 어디서 보든지 무지개는 보는 사람의 마음을 설레게 하고, 특별한 선물을 받은 기분이 들게 해요. 그 이유는 무엇일까요? 비 온 뒤의 쾌적함 속에서 잠깐 생겼다가 사라지는, 하늘의 신호 같은 무지개의 그 신비로운 색깔 때문이 아닐까 해요. 만약 무지개가 한 가지 색깔이라면 지금과 같은 감동을 주지 못했을 거예요. 여러 색깔이 아름답게 어우러져서 모두가 좋아하는 무지갯빛을 이루고 있는 것처럼, 여러 성격의 친구들이 다양함 속에서 저마다의 색깔을 드러내며 조화를 이룬다면 친구 관계는 더욱 풍요롭게 될 거예요.

"다양함 속에 숨겨진
풍요로움을 찾으세요."

조별과제 하다가 폭발하지 않는 대화법

아무리 친한 친구 사이라 해도 각자 개성이 있어서 의견 차이가 생기기도 하고, 그로 인해 갈등이 생길 수 있어요. 두 사람이 언제나 똑같이 생각할 수는 없으니까요. 좋은 친구를 만드는 데는 오랫동안 관심과 배려가 필요하지만, 둘 사이가 틀어지는 것은 작은 오해로도 순식간에 일어날 수 있어요. 그러므로 계속해서 친한 친구로 지내고 싶다면 어떻게 해서든지 친구 사이의 갈등을 해결하려고 노력해야겠지요? 친구와의 갈등은 피하고 싶지만 잘 해결한다면 서로의 마음을 확인하고 우정이 한층 견고해지는 기회가 될 수 있어요.

갈등이 생길 때

친구 사이에 갈등이 생겼다면 어떻게 해야 할까요?

친구와 의견이 맞지 않거나 친구가 마음에 들지 않는 행동을 할 때, 여러분은 어떤 마음이었나요? 친구를 좋아하던 마음은 어디론가 사라지고, 친구가 미워지고 화가 나지 않던가요? 이때 화나는 마음을 표현할지, 표현하지 않고 마음에 둘지를 결정하기에 앞서서, 바로 반응하지 말고 잠시 자신의 마음을 한번 돌아보는 시간을 가져보세요. '친구 행동은 내가 화낼 만한 행동인가? 내 입장에서만 생각하는 것은 아닌가?' 하고요.

이런 생각을 하다 보면 자신이 평소에 쌓였던 불쾌한 감정이나 스트레스로 인해 과민하게 반응했다는 것을 알 수도 있고, 또는 자기중심적인 판단으로 친구를 배려하지 못했다는 것을 깨달을 수 있어요. 친구와의 갈등에서 문제를 바라보는 방식을 바꾸면, 친구의 좋은 점을 생각하면서 '오늘은 기분이 안 좋아서 그랬나 봐' 하고 이해하거나 '그래도 장점이 많은 친구야' 하며 너그러운 마음을 가질 수 있게 될 거예요.

하지만 친구가 같은 문제를 반복하거나 그 일로 여러분의 마음이 계속 불편하다면 친구에게 솔직히 말하는 것이 좋아요. 그

때는 친구가 기분 나빠하지 않고 여러분의 마음을 이해하며 받아들이도록 배려해야겠지요.

이때 무엇보다 차분하고 부드러운 목소리로 이야기하면 좋겠어요. 혹시 여러분이 화를 내고 목소리 높여서 말하게 되면, 서로 심한 말들이 오가게 되어 갈등이 더 깊어질 수 있어요.

아쉬운 점은 솔직하게 말하자

문제가 있을 때는 가급적 즉시 말하는 것이 좋아요. 미루었다가 나중에 이야기하면 친구는 무슨 일이 있었는지 기억하지도 못하고 꼬투리를 잡히는 것 같아서 불쾌하게 여길 수도 있어요. 말을 할 때는 지금의 문제에 관해서만 이야기하세요. 이전 일들까지 이야기하면 친구는 놀라서 방어적이 될 수 있으니까요.

그리고 친구에게 갖는 불만을 다른 아이들에게 말하지 않도록 조심해야 해요. 다른 아이들에게서 그 이야기를 전해 듣는다면 친구의 마음이 어떻겠어요? 갈등이 더욱 깊어지는 결과를 가져올 수도 있어요.

또한 친구에게 자신의 불편한 마음을 이야기할 때는 단둘이 있을 때 이야기하세요. 다른 사람 앞에서 이야기하면, 친구는 공개적으로 비난받는다고 느껴서 여러분의 말을 차분하게 듣기 어려울 수 있어요.

여러분의 마음을 어떻게 솔직하게 표현할 수 있을까요?

먼저 대화하려는 목적을 생각해보도록 해요. 여러분이 지금 친구와 대화하는 목적은 무엇인가요? 잘못을 지적해서 친구에게 수치심이나 죄책감을 주려는 것인가요? 혹은 여러분이 원하는 대로 친구의 행동을 변화시키려는 건가요? 아니면 서로 솔직하게 소통하며 관계를 개선하려는 건가요? 지적하고 비난하려는 것이 아니고 무엇이 문제인지 친구에게 알려주고 더 좋은 친구가 되기를 원한다면, 이 껄끄러운 화제를 부드럽게 이야기해서 친구의 마음이 상하지 않고 여러분의 말에 공감할 수 있도록 이야기해야겠지요.

내가 바라는 점을 구체적으로 표현하자

이런 경우 효과적으로 대화하는 방법을 소개할게요.

첫째, 문제를 느끼고 있는 친구의 행동에 대해서 평가나 판단 없이 구체적으로 말해주고, 그 행동 때문에 어떤 기분이 드는지 말하는 것이에요. 예를 들면 "네가 이렇게 행동했을 때, 나는 이렇게 느꼈어" 하고요. 이때 친구가 비난받는 것처럼 느끼지 않도록 친구 행동에 초점을 두지 않고 불편했던 자신의 마음에 초점을 두고 이야기하는 것이 중요해요.

둘째로는 이와 관련하여 자신이 원하는 바를 말하고 앞으로의 일을 부탁하는 거예요. "이렇게 해줬으면 해. 그러니 앞으로는 이렇게 해줄 수 있니?" 하고요. 그러려면 그 상황에서 일어난 여러분의 감정을 알아차려야 하고 그런 감정을 일으킨 욕구가 무엇인지 알고 그것들을 소중히 여기는 태도가 필요해요. 그리고 부탁할 때는 긍정적인 말로 구체적으로 표현해야 친구도 어떻게 행동해야 할지 분명히 알 수 있어요.

자신의 마음을 솔직하게 표현한 다음에는 친구의 반응에도 관심을 가지고 어떻게 느끼는지, 무엇을 생각하는지 솔직하게 이야기해달라고 하세요. 그리고 솔직함과 공감에 바탕을 둔 친구 관계를 만들기 위해서 '부탁'을 한 것이지, 자신이 원하는 대로 친구에게 '강요'하려는 것이 아님을 꼭 기억하고, 친구가 여러분의 부탁을 들어주지 못할 때도 그 마음에 공감하고 받아들여주세요. 그리고 친구의 느낌과 원하는 것에 귀를 기울이며 친구가 스스로 원해서 변화하려고 할 때까지 기다려주는 마음이 필요해요.

사과는 먼저 하자

친구 사이의 갈등은 한 사람만의 잘못이 아닐 경우가 종종 있어요. 만약 둘 다 잘못한 경우라면 먼저 사과하는 것이 좋아요. 앞으로는 다르게 행동할 것이라는 약속과 함께 진심을 담아 사과하면 친구도 너그럽게 받아줄 거예요.

또한 친구가 사과하면 어떻게 해야 할까요? 무조건 용서해야 한다고 생각해서 마음은 불편한데도 아무 일도 없었던 것처럼 넘어가려고 하기 쉬워요. 그럴 때는 마음속에 앙금이 남을 수 있어요. 그보다는 입장을 바꿔서 생각해보는 거예요. 누구나 실수할 수 있잖아요? 그러면 '나도 그럴 수 있다'라며 좀더 너그럽게 용서할 마음이 생길 거예요. 어쩌면 친구가 잘못한 것이 크게 보여서 용서하는 마음이 쉽게 일어나지 않을 수도 있어요. 그럴 때는 '친구가 진심으로 미안해하고 있는가?' '친구가 일부러 그런 것이 아닌 것이 확실한가?' '여러 번 일어난 일인가?' 하는 자신만의 용서 기준을 세워놓고 그 기준에 통과하면 쿨하게 용서하자고요.

친구 사이에서 문제나 갈등은 항상 일어날 수 있어요. 그럴 때마다 친구 관계는 가꾸어가야 한다는 점을 기억하고 부드러운 대화법으로 친구와의 우정을 키워가도록 하세요.

교실 안에 사람은 가득한데
왜 제 친구만 없죠

조별과제를 통해 친해졌다고 생각한 친구들이 우리를 서운하게 할 때도 있죠. 그래서 어떤 친구들은 조별과제를 하고 나면 더 외로워진다고 해요. 내가 뭘 잘못해서 미움을 받나 싶으면 친구도 밉고 결국 학교가 싫어지죠. 그저 수행평가인 줄 알았던 조별과제 속에서 우리는 '나'를 발견하기도 해요. 이번에는 2조 친구들의 이야기를 한번 들어볼까요?

6장

친구를 사귀고 싶어요

들이대지 말고 기다리기

얼마 전 민수가 제게 카톡을 보내왔어요. 모두들 같이 한번

볼까요?

선생님 저 속상해요.

무슨 일 있었나요?

스트레스 풀려고 친구들에게

놀자고 했는데, 아이들이 다 안 될 것

같다고 하는 거 있죠? 저는 왜 같이 놀 친구가 없는 걸까요?

시험 끝나기를 많이 기다렸는데, 속상했겠어요.

학원에 같이 다니는 친구한테도 물어봤는데 거절당했어요. 우리는 친구니까 같이 놀자고 하면 당연히 좋아할 줄 알았어요. 그런데 아니더라고요.

내가 너무 미워지는 날

여러분도 혹시 이런 경험을 한 석이 있나요? 그토록 기다렸던 시험 마지막 날, 친구들과 재밌게 놀 생각에 마음이 부풀어 있었는데 막상 만날 친구가 없는 그런 쓸쓸한 경험 말이에요. 우리가 친구라고 생각했는데, 친구는 나를 '그냥 아는 아이'인 것처럼 대할 때, 나 자신이 너무 못나 보여요. 그런 날은 특히나 더 마음이 힘들지요.

여러분은 이 친구의 마음이 상상되나요? 마치 이 세상에 나만 혼자인 것 같고 외로워지니 무기력했겠죠. 처음엔 내가 뭐 문제가 있나 싶다가 갑자기 거절한 친구에게 미움과 원망이 생길 거예요. 그러다 친구를 이해하지 못하는 자신이 더 못난 것 같아 스스로가 미워지죠. 결국 시무룩해져서 다른 애들을 친구로 쉽게 생각하지 않겠다는 마음이 들 수도 있을 거예요.

친구의 상황을 생각해보기

그전에 민수의 상황을 좀더 객관적으로 볼 필요가 있어요. 우리 시간을 돌려 신학기를 생각해볼까요? 새 친구를 만난 첫날, 어떤 친구가 여러분에게 다가오더니 불쑥 "너 오늘 나랑 놀래?"라고 말해요. 이럴 때 여러분은 어때요? 반에서 드디어 아는 친구가 생겨서 반갑기만 할까요? 친구의 갑작스러운 제안이 고맙지만 마음이 복잡할 거예요. 다들 학원에 다니거나 방과 후에 일이 있을 테니 친구의 제안을 선뜻 받아들이기가 쉽지 않죠. 오늘 일정이 어떤지 먼저 물어줬다면 좋았을 텐데 싫어질 거예요. 자, 그러면 궁금해지죠.

'내 제안이 친구에게 부담스럽지 않고 정말 반갑게 다가가려면 어떻게 해야 할까?'

답을 먼저 말할게요. 이럴 때는 친구가 자신의 상황을 설명하고 이후에 일정도 맞출 수 있는 질문을 해야 해요. 마라탕을 먹자고 제안한다면 이렇게 말하는 거죠. "나 너랑 마라탕 먹으러 가고 싶은데, 혹시 학교 끝나고 시간 괜찮아?" 그러면 일정이 빈 친구들은 괜찮다고 말할 테고, 다른 일이 있는 친구들은 오늘은 이러저러한 일이 있어서 어렵다고 답할 거예요. 그러면 민수도 다음 대화를 이끌어갈 수 있겠죠. "오늘은 바쁘구나. 그럼 이번 주말은 어때?" 민수가 친구들에게 미움받는 상황이 아니라면 다들 서로의 일정을 조율하면서 언제 마라탕을 먹을지 정하겠죠.

민수가 '친구들도 자신의 스케줄이 있다'며 상대의 입장을 고려했더라면 불쑥 찾아가 일방적인 제안은 하지 않았겠죠. 아마 시험이 끝나기 전에 미리 친구들에게 무엇을 할 것인지 물어보고 같이 놀 계획을 함께 세웠을 거예요. 이처럼 상대방의 상황을 고려하는 것은 별일 아닌 듯 보여도 친구와의 관계를 단단하게 다질 수 있는 첫걸음이에요.

여전히 서운한 건 당연한 감정

그렇다 해도 또 다른 고민은 사라지지 않아요. 친구와 약속을 만들고 관계를 다지는 대화법을 아는 것만으로는 부족하죠. 민수의 상황을 살펴봤다면 이번엔 그 마음을 들여다보자고요. 민수처럼 어렵게 친구에게 마음을 열어 제안했는데, 거절당하면 마음이 편하진 않아요. 아무리 그럴만한 이유가 있다 해도 몇 번 이런 일을 겪고 나면 친구가 다 무슨 소용이냐며 포기하고 싶은 마음이 들죠. 거절을 당하면 '나를 싫어하나?' 하는 생각이 들어서 서운하고 속상해지기 때문이죠. 자신이 미워지기도 하고 자존감이 바닥을 치게 돼요.

이처럼 작은 거절에도 마음이 쉽게 무너지는 이유는 우리 안에 있는 거절에 대한 두려움 때문이라고 해요. 이런 감정은 사춘기라서 겪는 것은 아니에요. 아기 때부터 사람은 부모와 같이 중요한 인물에 의존하면서 심리적으로 안정을 유지해요. 그런데 의존하는 이들에게 거부당하면 자신은 사랑받을 가치가 없다고 생각하게 돼요. 어릴 때 거절당한 경험은 어른이 되어서도 다른 사람들과의 관계에 영향을 미치고 무의식 속에 자리 잡고 있다가 작은 거절에도 자신을 힘들게 만들어요.

이런 거절의 상처는 해결하며 나가야겠지요. 친구에게 거절 당했다고 생각될 때, 쉽게 좌절하기보다 한 번 더 생각해볼 필요가 있어요. 친구가 나를 싫어해서 거절한 것이 아니라 내가 관계 맺는 데에 세심한 배려가 부족하진 않았나 살펴보는 거죠. 상대방의 상황을 이해한다면 내가 느끼는 부정적인 감정은 줄어들겠지요? 그러면 좌절하기보다 앞으로 친구들을 어떻게 대해야 할지를 생각하게 될 거예요.

오글거려? 잠깐의 용기면 친구가 생기는데

그래도 궁금한 친구들이 있을 거예요. 친구의 일정도 미리 고민했고 또 계획까지 세웠어요. 시험이 끝나고 함께 놀 줄 알았는데, 갑자기 친구가 아무런 이유도 설명하지 않고 거절할 때는 어떻게 하면 좋을까요?

이럴 때 속상한 마음이 앞서서 휙 돌아서면 오해가 생길 수 있어요. 거절의 말을 들으면 순간 자존심도 상하고 그 상황이 창피해서 얼른 자리를 벗어나고 싶은 마음뿐이겠죠. 그런데 입장을 바꿔 생각해보면 그 친구도 거절하기가 쉽지는 않았을 거예요.

친구가 함께 놀자고 기대하며 제안하는데 거절하는 게 쉽지는 않잖아요. 이런 상황에서 내가 아무 말도 안 한다면 내 제안을 거절한 친구는 내가 삐진 줄로 알고 자신의 미안했던 마음을 나를 탓하는 마음으로 바꿀 수 있어요. 그러면 두 친구 사이에는 넘을 수 없는 벽이 생기겠지요. 이 벽을 허물기 위해서는 친구의 말을 있는 그대로 받아들이고 내 솔직한 마음을 표현하는 것이 효과가 있어요.

그럼 친구에게 '아쉽네, 다음에는 같이 놀자'라고 말하면 될까요? 좀 오글거리고, 제가 비굴해진 것 같아요.

뭐 어때요? 나에게 친구가 생길 수 있는데요. 친구를 얻기 위해 이 정도의 용기는 낼 수 있어야 해요.

이처럼 다음을 기약하는 말은 약속과 같아서 중요해요. 다음에 시험 끝나고 PC방에 가서 놀자고 한다면 친구는 아마 "좋아!" 하게 될 거예요. 적어도 단호하게 거절하는 일은 없을 듯해요. 물론 이렇게 말한다고 해서 갑자기 친한 친구가 되는 것은 아니겠지만, 좋은 친구가 되기 위해 작은 것부터 노력한다면 언젠가 내 옆에 든든한 내 편이 생기지 않을까요?

이번 딱 한 번만 꾹 참고 기다리기

친구 관계는 작은 씨앗에 물을 주면서 애정을 갖고 키우는 것과 같아요. 우리가 관심을 두고 영양분을 공급하고 벌레도 잡아주고 뜨거운 햇빛도 가려주면서 천천히 키워가는 것이에요. 그러다 보면 꽃도 피고 열매도 맺겠지요.

저는 초봄에 사프란꽃 알뿌리를 사다 화분에 심었어요. 작은 알뿌리 30개를 정성껏 심은 후 물을 주고 언제 싹이 나는지 기다리고 또 기다리며 매일 들여다보았는데 이상하게 5월이 되어도 싹이 안 나는 거예요. 무슨 문제가 있나 하고 살짝 캐서 보았더니 알뿌리가 그대로인 것 있죠? 그래서 '아무래도 알뿌리가 잘못되었구나' 생각하고 속상한 마음에 다 캐내서 버리고 다른 꽃을 심었어요.

그런데 그 화분 가장자리에 길쭉한 풀이 났더라고요. 뽑아버릴까 하다가 그냥 두었죠. 그런데 8월이 되니 거기에서 분홍색

사프란꽃이 예쁘게 피었더라고요. 내가 모르는 사이에 땅속에서 알뿌리는 꽃으로 자라고 있었던 거예요. 기다려주지 못하고 다 뽑아버려서 얼마나 미안했던지요.

친구 관계도 마치 꽃을 키우는 것과 같아요. 여러분도 자신의 주변에 있는 각각의 존재들을 포기하지 말고 정성껏 가꾸어보세요. 어느새 여러분 주변은 멋진 정원이 되어 있을 거예요.

"친구가 없는 것이 아니에요.
지금 만들어지는 중이에요."

7장

저 손절당해서 힘들어요

어색함을 푸는 것은 용기

저는 재혁이라고 해요. 얼마 전 황당한 일을 겪어서 말씀드려요. 저는 작년까지는 친구들이랑 굉장히 잘 지내는 편이었어요. 운동도 괜찮게 하고, 공부도 못하는 편은 아니에요. 자기 자랑을 하려는 건 아니에요. 다만 저 자신에게 딱히 불만이 없어요. 제가 놀자고 하면 친구들도 다 좋아했어요.

그런데 이번에 학교에서 불량하다고 소문난 친구랑 같은 반이 됐고, 조별과제도 그 친구랑 하게 됐어요. 함께 자료도 찾으면서 보니까 담배는 피지만 성격이 나쁜 친구는 아닌 것 같아서 친해졌어요. 그 친구랑 자주 놀았는데, 어느 날부터인가 다른 친구들이 슬슬 저를 피하더라고요.

처음엔 제가 좀 예민한가 하며 넘어갔어요. 시간이 지나면 좋아질 거라고 생각하면서요. 그런데 아니더라고요. 어릴 때부터 같은 동네에서 자란 친구들까지 저를 멀리하는 거예요. 애들한테 어떤 오해가 쌓였는지 확인하고 싶어서 다가가려고 하면 아예 피해버려요. 정말 속상해요. 억울한데 어디 말할 데가 없어요. 부모님께 이런 상황을 알리자니 담배를 피는 친구랑 어울리는 저를 더 혼낼 것만 같고요. 수업이 끝나면 친구들이랑 농구하는 게 즐거움이었는데, 이제 친구들은 저를 농구 게임에 끼워주지도 않아요.

이유 없는 손절의 괴로움

제가 재혁이에게 기분이 어떠냐고 물었더니 분하고 원통하고 억울한 심정이라고 해요. 친구들이 자신을 멀리하는 시간이 길어지면서, 눈물이 나고 가슴이 답답해지는 증상까지 생겼대요. 운동도 잘하고 공부도 어느 정도 자신 있고, 외모도 이만하면 괜찮고, 나름 인싸라고 생각했었는데 하루아침에 친구들에게 손절을 당한 지금의 현실을 받아들이기 힘들대요. 자신에 대해 잘 아는 친구들이 함부로 소문을 퍼뜨리고 모임에 끼워주지도 않아서 화도 많이 났고요. 친한 친구들이 자신과 어울리지 않으니까 같은 반의 다른 친구들도 자신을 형편없는 아이로 보는 것 같아서 학교에 가고 싶지도 않다고 해요.

이런 상황을 우리는 '손절'이라고 표현하죠. 이유라도 알면 괜찮을 텐데, 갑자기 영문도 모른 채 손절을 당하면 얼마나 힘들까요? 재혁이는 친구들에게 자신의 억울함을 전하고, 만약 오해가 있다면 풀고 싶었어요.

> 전 담배도 안 피우고 함부로 오해한 건 그 친구들이에요. 너무 자존심이 상하고 창피해요. 왜 제가 먼저 숙이고 들어가야 하죠?

친구에게 다가가서 "도대체 왜 그러냐?" 하고 묻는 게 뭐가 그리 어려울까 싶겠지만, 억울한데 아쉬운 소리까지 먼저 해야 하는 게 편하진 않겠죠.

먼저 연락하는 사람이 승자

그러던 어느 날이었어요. 재혁이는 친구들이 농구를 하는 걸 지켜보고 있었대요. 자신도 함께하고 싶다고 생각하면서요. 그때 손절했던 아이 중 한 명이 "재혁아, 우리 편에서 해!"라고 말했다고 해요. 갑작스러워서 좀 놀랐지만, 그냥 같이 농구를 하게 되었죠. 이전처럼 신나게 농구를 하였지만, 그것으로 끝이었어요. 재혁이도 아무 말 안 했고 친구들도 별말을 안 했어요. 그 일이 친구들과 관계를 개선할 기회가 되었으면 하고 바라는 마음이 있었지만 서로 마음을 열지 못한 것을 재혁이가 아쉬워하는 것 같아서 제가 물어봤어요.

선생님: 재혁이는 자신을 불러준 그 친구에게 어떤 마음인가요?

남학생: 고맙죠. 그 친구가 불러주었으니까요.

선생님: 그럼 불러주어 고맙다고 했나요?

남학생: 아뇨. 제가 그런 말을 왜 해요? 나를 손절했는데요.

선생님: 그래도 재혁이가 고마움을 느끼고 있잖아요? 자기 마음을 솔직하게 표현하는 게 좋을 것 같아요. 그리고 그 친구가 농구에 초청해준 것은 재혁이에게 화해의 손을 내민 것이라

고 볼 수도 있어요. 그러니 이제라도 고맙다고 문자를 보내보면 어떨까요?

남학생: 그렇네요. 그래도 될까요? 걔가 내 문자에 답해줄까요?

선생님: 그것은 모르죠. 지금은 고마웠던 내 마음을 표현하는 게 중요해요.

함께 이야기를 나누는 동안 재혁이는 그 친구가 자기 문자에 어떻게 대응할까 걱정돼서 주저하던 마음이 조금은 사라진 것 같았어요. 그래서 이번 주중에 꼭 문자를 보내보라고 권유했어요. 그랬더니 재혁이가 "기다리지 말고 지금 보내볼까요?" 하는 거예요. 그래서 함께 문구를 이리저리 다듬어서 용기 내어 문자를 보냈어요. 그 내용은 이래요.

> 오늘 농구 함께해서 즐거웠어.
> 고마워.

짧지만 고심해서 만든 문장임을 짐작할 수 있을 거예요. 나에게 아무런 말도 없이 먼저 손절한 친구에게 처음으로 보내는 문자니까 말이에요. 금방 답이 오지는 않았어요. 그렇지만 결말은 괜찮았어요. 다음 주에 만났을 때 그 아이들과 농구를 함께 했다고 해요. 그 일이 있기 전처럼 아무 불편함이 없는 관계로 돌아가진 못했지만요. 농구 게임에 불러준 친구와는 괜찮아졌지만 손절하는 데 주동적이었던 아이 때문에 마음이 좋지 않다는 거예요. 물론 그럴 수 있지요. 하지만 함께할 수 있다는 것만으로도 의미가 있는 것 아닐까요?

자존심과 자존감을 구별하자

여러분은 재혁이의 이야기를 들으면서 어떤 생각이 들었나요? 오해받는 게 억울하면 '나는 아니다'라고 말하고, 고마우면 '고맙다'라고 말하면 좋은데 자신의 마음을 이야기하는 것이 매우 어려운 친구들이 있어요. 이 친구들이 그런 말을 잘하지 못하는 것은 자신을 표현하는 대인관계 기술이 부족한 이유도 있지만 자존심이 너무 강하기 때문인 것 같아요.

재혁이는 자신감이 있어 보였지만 자존감은 높지 않았던 것 같아요. 자존심은 자존감이 떨어졌을 때 자신에 대해 느끼게 되는 마음이거든요. 자존감이 높은 사람은 자신을 존중하고 자신에게 솔직하게 행동해요. 하지만 자존감이 떨어지면 다른 사람의 시선이나 평가에 민감해지지요. 그래서 자신의 속마음을 몇 겹의 갑옷으로 가리고 그 안에 있는 자신의 못난 모습이 드러나 무시당할까 봐 자존심을 내려놓기 힘들어해요. 친구와 사소한 일로 오해가 생기고 사이가 서먹해졌다면 즉시 오해를 풀려고 해야 할 텐데, 자존심을 내세우면서 시기를 놓치는 경우가 종종 있어요. 먼저 화해를 시도하는 사람이 비굴하게 굽히고 들어간다거나, 자기 잘못을 인정하는 것으로 생각해서 미루게 되기 쉽죠. 하지만 성숙한 사람은 먼저 화해를 청한다고 해서 자신이 부족하다거나 무력하다고 생각하지 않아요. 오히려 다른 사람과의 갈등을 슬기롭게 해결하며 성장하는 기회로 삼아요.

농구를 같이하자고 불러준 친구가 바로 그런 사람이 아닐까요? 재혁이가 서운해하고 삐져서 자신을 멀리했지만, 용기를 내서 재혁이를 불러들여 다시 친해지고 싶다는 마음을 표현했으니까요. 그런데 재혁이는 자신의 부정적 감정에 빠져서 상대방이 자신을 어떻게 볼까 하는 생각만 하고, 자신의 솔직한 마음을 표현하는 것을 주저한 것 같지요? 이럴 때는 자존심을 내려놓고 자신에게 잘못된 점이 있다면 받아들일 마음의 준비를 하고 대화를 시도해보세요. 그러다 보면 서로 사소한 오해였다고 느끼게 될 거예요.

우정은 깨지기 쉬운 유리그릇

청소년기에는 친구를 사귀고 우정을 지속하는 것이 중요하다고 알고 있지만 실제로 따뜻한 우정을 변함없이 잘 유지하기란 쉽지 않아요. 쓸데없는 자존심으로 좋은 친구를 잃고 '내가 왜 그랬을까?' 하고 후회도 하지요. 친구를 사귀는 데 시간과 정성을 쏟다가도 어느 순간 힘이 들어서 그냥 놔버린 적도 있을 거예요. 다른 아이들이 친구에게 둘러싸여 즐겁게 지내는 것을 보면 나만 뭔가 부족한 사람이라고 느껴져서 우울해질 때도 있고요. 사실 입시 경쟁에 시달리며 바쁜 생활을 해나가야 하는 우리 청소년들에게는 우정에 신경을 쓸 마음의 여유가 없다는 것이 안타까워요.

또한 아직 나의 감정을 정확히 알지 못하고, 그것을 표현할 방법도 다 배우지 못해서 다른 사람과의 관계를 맺고 유지하는 것이 힘들게 여겨질 수도 있어요. 그래서 청소년기의 우정은 마치 '깨지기 쉬운 유리그릇'과 같아요. 가정에서 사용하는 유리그

릇들을 생각해보세요. 식탁을 영롱하게 빛내고 우리 마음을 풍요롭게 해주잖아요? 그런데 깨지기 쉬워서 설거지할 때도 조심조심 소중히 다루고 보관할 때도 신경을 써요. 깨지기 쉽다고 버리지는 않겠지요? 마찬가지로 우정도 조심조심 다뤄주세요. 나의 부정적인 감정에 휩싸여서 자존심을 내세우고 상대를 비난하는 것은 해결책이 되지 못해요. 내 마음을 내려놓고 상대방이 내민 손을 잡는 용기도 필요해요.

"우정도 깨지기 쉬워요.
그러니 조심조심 다뤄주세요."

8장

개한테 서운한데 어떻게 풀죠

솔직하고 당당하게 말하자

저는 서윤이라고 해요. 저는 춤추는 걸 좋아해요. 얼마 전에 댄스 경연 대회에 나가서 상도 받았어요. 엄마도 좋아하셨어요. 저도 잘하는 게 있다고 생각하니까 학교생활에도 자신감이 생겼어요. 문제는 지난번 무용 수행평가 때였어요. 조마다 안무를 짜서 준비하는 과제가 나왔어요. 저는 노래는 못하지만 춤을 잘 추니까 친구들이 제가 하면 좋겠다고 말해줬어요. 그래서 유튜브에서 춤 동작도 보고, 배경으로 나오는 음악들은 어떤지 꼼꼼하게 조사했어요. 제가 잘하는 걸로 친구들에게 인정받으니까 기분이 좋았어요. 친구들과 열심히 연습했고요.

하지만 언제부터인가 아이들이 저를 불편해하는 게 느껴졌어요. 제가 너무 나선다는 거예요. 어떤 행동이 그렇게 보였는지 모르겠지만,

조별과제 하다가
폭발하지 않는 법

제가 너무 열심인 게 문제일 수 있겠다고 생각했어요. 그러던 어느 날 친구가 "서윤이 저렇게 나대는 거, 쟤네 엄마가 혼자 키워서 그래"라고 말하더라고요.

저 사실 엄마와 단둘이 살아요. 혼자 있는 시간이 많아서 외로운데, 춤 연습할 때만큼은 그렇지 않더라고요. 그런데 친구가 제 아픈 부분을 찌르면서 엄마 이야기까지 하니까 그날 조퇴하고 바로 집으로 와버렸어요. 너무 속상해서 친한 친구에게 이런 이야기를 했더니 싸늘하게 "야, 그냥 무시해!"라고 말하더라고요.

물론 무시하라는 말도 그 친구 나름의 위로일 수도 있겠지만, 씁쓸했어요. 그런 말은 친구가 아니어도 할 수 있잖아요. 무시하는 법을 몰라서 안 하는 것도 아니고요. 그저 저는 친구에게 다정하고 따뜻한 말을 듣고 싶었을 뿐인데, 너무 서운했어요. 내 마음을 위로해줄 친구가 없다는 생각에 우울해지고 학교도 가기 싫어졌어요.

약한 마음에 박힌 시샘 한 조각

서윤이의 경험이 왠지 익숙하지 않나요? 여러분이 뭔가 의욕적으로 열심히 해서 준비하면, 주변에 시기심 때문에 다른 친구에게 나쁘게 말하는 아이들이 있을 거예요. 누군가를 시샘하기도 하고, 또 시샘을 받기도 하는 건 자주 일어나는 일이에요. 하지만 나에 대한 시샘을 지나 부모님까지 언급한다면 어때요? 이건 너무 화가 나는 일이죠. 화만 나면 좋겠지만 어떤 친구들은 대체 내가 뭘 잘못해서 이런 말을 듣는지, 이 말을 들은 다른 친구들이 나를 어떻게 볼지 걱정하게 될 거예요.

사춘기든, 어른이든 나이와 상관없이 주변 사람들의 시샘을 경험하게 될 때, 이를 잘 극복하고 견디게 해주는 건 바로 내 편이 되어주는 든든한 친구일 거예요. 그런 친구만 있다면 아무리 힘든 상황이라도 이겨낼 용기를 가질 수 있을 테니까요. 서윤이도 이런 친구가 필요했어요. 식당에서 일하는 엄마가 항상 바쁘셨기 때문에 서윤이는 혼자 있는 시간이 많았어요. 그러다 보니 자신의 마음을 곁에서 나누고 위로해줄 사람이 필요했죠. 서윤이는 일로 바쁘고 힘든 엄마가 속상해하시는 것이 싫어서 그런 외로움을 엄마에게 표현하지 않았다고 해요.

조별과제 하다가
폭발하지 않는 법

갇힌 감정이 전해주는 신호

서윤이가 지금 우울하고 힘든 이유는 친구가 너무 무심하게 말한 것 때문이라고 해요. 마치 친구에게 배신당한 것 같은 마음이 들었어요. 여러분은 서윤이와 같은 상황이라면 어땠을까요? 서운하다고 이야기할 수 있을까요? "너무 싸늘하다"라고 바로 말할 수 있는 친구가 과연 몇이나 될까요? 그 말에 상처받았다고 해도 바로 표현하는 것도 예의는 아니잖아요. 그래서 서윤이도 아무렇지도 않은 척 서운한 마음을 꾹꾹 담아두었어요.

자신의 마음을 표현하는 것은 왜 이렇게 어려울까요? 그 이유는 우리 마음에 거절에 대한 두려움이 있기 때문이에요. 서윤이도 서운한 마음을 이야기해서 그나마 내 편이 되어줄 수 있는 친구마저 잃게 되지 않을까 염려했던 거예요. 제가 서윤이에게 물었죠.

선생님: 지금 서윤이가 느끼는 그대로 '너에게 위로받고 싶었는데 네가 무심하게 말해서 조금 서운했었어'라고 말한다면 친구는 어떻게 했을까요?

여학생: 아마 친구도 낭황해하며 저를 위로했겠죠.

내 마음을 알리는 건 솔직한 말

서윤이의 입장에서 상황을 보되, 우리라면 어떻게 해야 할지 생각해봐요. 혼자서 서운하다고 마음의 문을 닫고 친구를 대한다면, 친구는 이유도 모르는 채 서윤이의 냉랭한 태도에 '나를 안 좋아하나?' 싶어 서윤이와 멀어질지도 몰라요. 하지만 친구가 서윤이의 속마음을 안다면, 좀더 위로해주려고 노력하고 더 끈끈한 사이가 될 거예요. 친구에게 서운한 마음이 있었지만 내 마음을 이야기해서 친구와의 관계를 다시 확인하고 위로도 받지 않았을까요?

우리의 느낌이나 마음을 표현할 수 있어야 관계가 성장하게 돼요. 만약 '서운했다'라고 말해서 그 친구가 내 마음을 이해하지 않고 받아들이지 않는다면 그 친구는 내 친구가 아닌 거예요. 하지만 나에게 다가와 위로해준다면 진짜 친구가 되는 것이지요. 내가 상대방의 마음을 모두 알 수가 없듯이 상대방도 내 마음을 다 알 수는 없어요. 자신의 마음을 솔직하게 표현할 수 있어야 하고 그런 마음의 표현에 공감해줄 때 관계는 발전하게 돼요.

꾹꾹 누르다 보면 나까지 잃게 돼

감정을 표현하지 않고 억제하는 것에 익숙해지면 어떻게 될까요? 불쾌한 감정뿐 아니라 즐거운 감정까지 억제하게 되어 감정이 무딘 사람이 되고 삶의 활기를 잃게 될 수 있어요. 여러분도 작은 감정의 문제로 인해 모든 것이 무의미해지고 삶의 의미조차 없어진 것 같은 때가 있었을지 모르겠어요. 그런 점에서 감정이라는 것은 정말 중요해요.

하지만 자신의 감정을 알아차리고 어떻게 다뤄야 하는지 아는 사람은 많지 않아요. 왜냐하면 감정을 표현하는 것은 바람직한 태도가 아니니, 감정을 무시하라고 배워왔기 때문이에요. 부정적인 감정이라 할지라도 그것은 지극히 자연스럽고 정상적인 것이에요. 그러니 이를 받아들이고 적절히 표현하도록 하세요. 그러면 마음의 불편함도 해소되고 관계도 개선될 수 있어요.

자신의 감정을 표현하는 것은 용기 있고 솔직한 행동이에요. 솔직하게 마음을 전달할 때는 상대의 마음을 다치지 않도록 배려해야 한다는 것도 잊지 마세요. 내 마음도 풀고 상대의 마음도 다치지 않도록 적절한 화법을 사용하는 게 무엇보다 중요해요.

> 그러면 용기를 내서 친구에게 제 마음을 전할게요. 제가 속상해서 한동안 친구랑 말도 안 했는데, 걔도 저 때문에 많이 힘들었을 것 같아요.

나를 가장 따뜻하게 안아주는 사람, 나

우리는 힘들 때 위로가 필요해요. 누군가에게 위로받으면 힘이 나고 그 어려움을 넘어갈 용기가 생기기 때문이에요. 내가 힘들 때 나에게 위로의 말을 전하는 사람이 있다면 더할 나위 없이 좋지요. 그런데 자신의 마음을 잘 알지 못하고 감정을 표현하는 것이 아직 서툰 청소년들에게 이런 관계를 만들기는 쉽지 않아요. 그럴 때 기억하세요. 무엇보다 내가 나를 위로해주는 것이 중요하다는 것을요.

내가 소중히 여기는 가족이나 친구, 연인도 매 순간 나와 함께할 수 없어요. 시간이 흘러 여러분이 어른이 되면 점차 서로가 처한 환경이 달라져 위로받고 싶어도 원할 때마다 만나기 어려운 순간이 생길 거예요. 또 각자의 주어진 상황과 고민이 다르니 내 마음을 세세하게 알아주고 내가 원하는 방식으로 위로받을 순 없을 거예요. 그렇지만 매 순간 나와 함께하는 존재는 바로 '나 자신'이에요. 오직 나만이 내가 놓인 상황과 감정들을 바로바로 알고 이해할 수 있어요. 그러니 내가 내 감정을 잘 이해하고 위로해주는 게 중요해요.

내가 나를 위로하는 일은 어떻게 하는 걸까요? 나를 친한 친구처럼 대해주는 거예요. 여러분은 힘들어하는 친구를 어떻게 위로해주나요? 그 친구의 손을 잡아주고 말없이 안아주며 친구의 고통에 공감하는 마음으로 그의 아픔을 들어주겠지요. '네가 얼마나 힘든지 이해해' 하는 심정으로요. 자기 자신에게도 이렇게 대해주세요. "네가 정말 힘들구나. 지금은 아파해도 괜찮아" 하고 말해주세요. 그리고 지금 겪고 있는 느낌을 그대로 공감해주세요. 당장 문제 해결을 생각하지 말고 그냥 나와 함께 있는 거예요. 나 자신에게 듣는 위로가 마음을 따뜻하게 안아주는 효과가 있다는 것을 느끼게 될 거예요. 상처에서 일어나 다시 좋은 관계를 맺어갈 용기를 갖게 해줄 거예요.

"나의 진정한
위로자가 되어주세요."

9장

자기주장만 하는 친구가 싫어요

친구와 멀어지는 건 성장의 신호

저는 채연이라고 합니다. 초등학교 4학년 때 전학을 왔어요. 모든 것이 낯설고 두려움이 가득했던 그때 처음으로 말을 걸어준 친구가 있었어요. 다가와준 것만 해도 고마운데 그 아이는 내 모든 것을 이해해주고 내 편이 되어주었어요. '정말 친구란 다 이런 건가!' 하고 감격했어요. 중학교도 같은 학교가 되어서 너무나 든든했지요. 그런데 어느 날부터인가 그 친구가 저를 함부로 대한다고 느껴질 때가 간혹 있었어요. 그럴 때는 '내가 뭐 잘못했나?' 하고 눈치를 많이 보게 되었어요. 또 자기주장만 하고 자기 말을 안 들어주면 "끝내자!"라는 거예요. 당황스럽고 부담이 되었지만, 가장 소중한 친구니까 "내가 다 잘못했어" 하면서 넘어갔죠.

하지만 이 친구가 저를 무시하는 강도가 점점 올라갔어요. 저에게 말도 함부로 하고, 심지어 어느 때는 생일선물도 자기가 쓰던 것을 포장해서 줬어요. 문제는 그 친구가 다른 아이들을 못 만나게 하는 거예요. 다른 아이와 잠깐이라도 이야기하면 막 화를 내면서 내가 나쁜 짓이라도 한 것처럼 뭐라 하는 것 있죠? 지금 생각해보니 처음 전학 왔을 때 친해지고 싶었던 다른 아이들도 그 아이가 못 만나게 해서 오직 그 친구만 사귀게 되었던 것 같아요. 참다가 '이 아이를 더 이상 봐줄 수 없다'라고 생각하게 되었죠. 결국 절교를 선언했어요. 그랬더니 그 아이도 "나도 네 말과 장난 때문에 상처받았다"라며 화를 냈어요. 그래서 우리는 대판 싸우고 헤어졌어요. 오래 유지했던 우리의 우정은 이렇게 깨어지고 말았죠.

이제는 우리가 헤어져야 할 시간

어쩌면 사춘기에는 좋아하는 이성과 헤어지는 것보다 믿었던 친구와 멀어지는 게 더 힘든 이별이 아닌가 싶어요. 지금 채연이의 마음은 어떨까요? 영원할 것 같았던 우정이, 되돌아보면 자신에게 이렇게 힘든 것이었다는 것을 생각하면, 슬프고 아쉬운 마음, 함께했던 시간을 부정하고 싶은 마음, 더 참아주지 못한 자신에 대한 비난, 그 친구에 대한 원망 등의 복잡한 마음이 들겠지요. 마음이 허전해서 다른 친구들을 만나 맛있는 음식도 먹으면서 수다를 떨어보고, 마음이 즐거울 수 있는 것들을 이것저것 해볼 거예요. '이미 지나간 일이니까, 이제 다른 고등학교에 가서 만날 일도 없으니까' 하면서 자신을 위로하려고 해요.

그러나 그 어떤 것도 의미가 없고 극심한 상실감으로 고통스러운 시간을 맞이하게 돼요. 그리고 또 상처받을까 봐 누구와도 마음을 열기가 어려운 상태가 되고 말아요. 이처럼 이별은 우리 마음에 큰 흔적을 남기게 되지요. 하지만 이런 아픔과 상처에도 불구하고 이별이 필요한 때도 있어요. 좋은 친구 관계를 맺고 있지 못할 때는 이별할 용기를 내야 해요.

이별을 결심할 순간

친구들에게 하나 묻고 싶어요. 우리는 언제 이별을 결심해야 할까요? 채연이는 친구가 자신을 함부로 대하고, 해서는 안 되는 말을 하고 예의 없이 행동해서 힘들었다고 했지요? 심지어 생일

선물도 쓰던 것을 주는 일까지 있었다니 자존심이 많이 상했을 것 같아요. 아마 여러분도 친구가 무시하는 태도로 함부로 대한다면 그 관계를 유지하기 힘들 거예요. 왜냐하면 모든 관계는 상호 존중에 기초를 두는 것이니까요.

상대방에게서 존중받지 못하는 관계를 유지할 사람은 없을 거예요. 친구를 존중한다면 상대방의 주체성을 인정하고 존중해준다는 것을 의미해요. 그런데 그 아이는 가깝다고 지켜야 할 선을 넘어버렸어요. 예의를 지키지 않고 함부로 대하며 상대방이 싫어할 행동을 한 것이지요. 그 결과 채연이는 자신의 영역이 침해당했다고 느끼며 불편한 마음을 가지게 되었어요. 그러므로 친구가 여러분을 존중하지 않고 여러분의 영역을 침범하고 예의를 지키지 않는다면 이별을 결심해야 해요.

여러분의 친구 사이도 둘 중 한 명이 주도권을 잡고 일방적으로 다른 한 명에게 맞춰주는 그런 관계인가요? 좋아하는 정도가 서로 다르거나 한 사람이 의존적이면 이런 관계를 맺게 되죠. 이런 경우, 곰곰이 생각해봐야 해요. 왜냐하면 좋은 친구 관계는 평등한 관계이니까요. 채연이와 그 친구의 관계는 평등하지 않았다고 보여요. 전학 왔을 때 채연이는 누구에게든 의지하고 싶었을 거예요. 적응 못 하고 따돌림을 당할까 봐 불안한 마음이 있었는데 그 아이와 친해져서 학교에 잘 적응하는 것이 편하고 좋았을 거예요. 얼마나 마음을 차지하고 독점해버렸는지 채연이는 그 아이가 최고의 친구라고 생각하면서 행복해했어요. 중학생이 될 때까지도 아무 문제를 느끼지 않았죠. 채연이의 의존적인 마음을 잘 채워주었으니까요.

> 제가 친구에게 너무 큰 상처를 준 것 같아서 미안했어요. 우리가 지금 멀어졌지만 친구 덕분에 많이 성장할 수 있었으니까요. 완전히 멀어지기보다 적절한 거리를 유지하며 지내는 방법도 고민해볼게요!

몸만큼이나 쑥쑥 자라는 생각

중학생이 되면서 채연이의 마음은 성장했어요. 자기만의 생각이 자리 잡게 되면서 일방적으로 강요하는 그 친구에게 억압받는다고 느끼고 벗어나고 싶은 마음이 들었겠지요? 여러분의 현재 상황이 다른 사람에게 의존하고 있거나 여러분의 자립심이 조금 부족한 상태라고 생각된다면, 또는 친구 사이의 관계가 대등

조별과제 하다가
폭발하지 않는 법

하지 않다고 느끼게 될 때는 심각하게 고려해보세요. 지금이 헤어질 결심을 해야 할 때가 아닌가 하고요.

또 친구가 여러분을 독점하면서 다른 친구들을 만나지 못하게 한다면 그 관계도 다시 생각해봐야 해요. 아무리 사랑하는 사이라도 한 사람이 다른 사람을 소유할 순 없어요. 그러므로 이 아이처럼 친구의 마음을 소유하려고 하고 다른 사람들을 만나는 것까지 막으려 한다면 그것은 진정한 우정이 아니라고 보여요. 진정으로 친구를 좋아한다면 그 친구가 다른 사람들도 만나며 자기의 세계를 넓혀가는 것을 반가운 마음으로 바라보지 않을까요?

새롭게 시작할 힘

오랜 친구와 헤어진 이야기는 우리의 마음까지 슬프게 하네요. 하지만 잘못된 친구 관계로 고민하고 있다면 용기를 내보세요. 아무리 오래 가꾸어왔고, 아무리 많은 정성을 들인 관계라 해도 누군가와의 만남이 나를 고통스럽고 아프게만 할 뿐 나를 성장시키지 못한다면 그건 우정이 아니라는 것을 기억하세요. 우정이란 여러분을 성장시키는 것이어야 해요. 참다운 친구를 만나면서 여러분은 자신이 어떤 사람인지 알아가고 친구에게서 자신의 모습을 발견하며 더욱 큰 사람으로 자라게 될 거예요.

지금 친구와의 이별이 힘들고 견디기 어려운가요? 그렇다면 겨울날 눈보라 속에서 묵묵히 서 있는 나무를 떠올려보세요. 모진 바람과 눈보라를 고스란히 견디면서 봄을 기다리고 있는 모습을요. 상처받고 우울해하는 마음을 빨리 없애려고 애쓰지 말고 겨울나무처럼 머무르며 견뎌보세요. 또한 괜찮다고 하면서 자신을 억압하며 무조건 참지 말기를 부탁해요. 대신에 자신의 마음을 잘 보듬고 달래주세요. '지금 몹시 힘들구나. 외롭겠다. 힘내' 이렇게 자신에게 말해주세요. 그러면 마음이 좀 편해질 거예요. 그리고 지금 친구와 좋지 않게 헤어졌다고 해서 그와 보냈던 시간이 다 나빴던 것은 아니잖아요? 그 친구와 함께했던 행복하고 기뻤던 그 시간을 회상해보세요. 같이 웃으며 즐거웠던 기억, 서로 존중하며 함께한 기억, 사랑받았던 기억 들로 차츰차츰 채워지면, 여러분의 마음속은 점점 든든해지고 따뜻해져서 상처가 괴롭히는 일도 줄어들지 않을까요?

친구와 헤어진 일은 참 안타깝고 아쉬워요. 그렇지만 그 친구를 통해 내가 성숙해지고 친구의 소중함을 깨닫고 친구를 사귀는 방법을 배웠다면 결코 헛된 만남이 아니었다는 것을 꼭 기억해주세요.

"봄을 기다리는 겨울나무처럼
성숙해지는 자신을 기대하세요."

10장

걔가 제 소중함을 알까요

서로를 받아들일 수 있는 여유 갖기

저는 민혁이라고 합니다. 제게는 일 년 넘게 사귄 여자친구가 있었어요. 저는 여자친구를 정말 좋아했어요. 어른들은 중학생이 이성 친구를 사귄다면 공부도 못 하고, 말썽만 부린다고 생각할 텐데, 절대 아니에요. 저는 공부 때문에 힘들 때도, 부모님의 과중하게 여겨지는 잔소리에 지칠 때도, 친구들과 오해로 관계가 삐걱거릴 때도 여자친구가 옆에 있어서 버틸 수 있었어요.

얼마 전에 저희 관계가 이전과 같지 않다고 느끼게 된 일이 생겼어요. 지난봄, 반 대항 축구대회가 있었어요. 저희가 만나기로 한 날에 하필 걔네 반 축구 시합이 있었어요. 저도 축구대회에 참가해야 하니까 처음엔 괜찮았어요. 그런데 어느새 제 여친은 저보다 축구대회를 준비하는 조원들을 더 좋아하는 것 같더라고요. 여친은 조 모임을 하면서 어떻게 이길 수 있을지 전략을 짜고, 주말에 모여 축구 연습까지 하더라고요. 조 모임 때문에 저랑 만나는 날들이 줄어들긴 했지만, 충분히 이해할 수 있었어요. 그러다 며칠 전에 우리 둘이 만나기로 했는데, 축구 연습이 길어져서 어렵겠다는 거예요. 솔직히 축구대회보다 제가 더 중요하지 않나요? 전 조 모임보다 여친이 더 중요한데, 제 여친은 아니더라고요.

그러더니 갑자기 하루 동안 연락하지 말자고 연락이 왔어요. 느낌이 안 좋았지만 그럴 수 있다고 생각했는데, 여친이 결국 헤어지자고 하더라고요. 거기까지는 괜찮았어요. 그런데 얼마 안 지나 보니까 다른 남자애랑 사귀고 있는 거예요.

이 세상 무엇보다도 아름답고 영원한 우리의 사랑

영원히 내 편이 되어줄 것 같았던 여자친구와 이렇게 이별을 하게 된 친구에게 여러분은 어떤 위로의 말을 해줄 수 있을까요? 같은 학교에 심지어 같은 학원도 다니는데, 앞으로 어떻게 볼지도 임밈하죠.

이때 받은 마음의 상처는 상상조차 어렵죠. 더구나 그 이별이 환승이별이었다는 것을 확인하게 되었을 때의 마음은 어떻겠어요? 그동안 둘 사이에 있었던 모든 것이 가짜인 것 같고 무의미하게 여겨지게 되죠. 상대는 나를 속이고 배신한 사람이 되어버려요.

그래서 이별의 모든 책임이 상대에게 있는 것처럼 생각되어 그녀가 미워지고 그녀의 마음을 눈치채지 못하고 끝까지 좋아했던 나는 어리석고 바보 같은 느낌이 들겠지요. 이제 포기해야겠다고 생각하다가도 그 아이 없이 지내야 하는 시간이 무의미하고 막막하게 느껴져요. 보고 싶어서 연락이라도 한번 해보고 싶다가도 그런 나 자신에게 화가 나기도 하죠.

사춘기의 연애가 유독 힘든 이유

연애가 실패로 끝났다면 우선 나를 돌아보면 좋겠어요. 여자친구가 반 모임에 가야 해서 못 온다고 할 때 여러분이라면 어떻게 했을까요? 내가 괜히 그 아이를 믿지 못하고 의심하면서 불안한 마음에 집착한 것은 아닐까요? 서운하게 여기고 화를 낸 것은 상대방을 배려하지 못한 마음에서 비롯된 것은 아닐까요? 상대방도 해야 할 역할이 있고 관계가 있잖아요. 모임에서 빠져나올 때 반 친구들에게 눈치 보이고 어려운 점이 있지는 않았을까요? 무조건 나와의 약속이 먼저이고 중요하다고 생각해서 이를 상대방에게 강요하고 서운해한다면, 상대방이 부담스러워하고 자유를 구속당하는 것처럼 여길 수도 있어요.

청소년기의 이성 교제가 어려운 이유에는 청소년기의 특징 중 하나인 '자기중심적인 사고'가 있다고 해요. 청소년기는 아직 사랑에서 비롯된 여러 가지 감정과 욕구를 처리하기에 경험과 능력이 부족해요. 거기다가 자신의 욕구를 중심으로 생각하고 상대방의 마음을 배려하지 못한다면 관계가 힘들어질 수밖에 없을 거예요.

상대방이 '나를 사랑한다면 내가 원하는 것을 다 들어주어야 해. 항상 내가 우선순위에 있어야 해'라는 생각을 가지고 여러분을 대한다면 아마 여러분도 숨이 막혀 벗어나고 싶겠지요? 조금 서운하더라도 다른 약속이 있다면 "응, 그래. 잘 다녀와" 하면서 새로운 약속을 정하는 여유로움이 필요해요. 이럴 때 상대방은 존중받고 배려받는다는 느낌을 받지 않을까요?

> " 저랑 헤어지자마자 다른 남자애랑 사귀는 여친을 보니까 환승이별
> 이구나 싶어서 정말 배신감이 들었어요. 앞으로 다른 여자친구를 사귈
> 때 이런 일이 또 반복될까 봐 두려워요. "

선물처럼 예쁜 기억

여러분도 주위에서 '사귀자'라는 말 한마디로 시작한 이성 교제가 영원할 것 같더니 어느 순간 깨지고 새로운 관계가 금방 생기는 것을 보았을 거예요. 아마 여러분 중에 이미 가슴 아픈 경험을 한 사람도 있을 거예요. 그래서 사랑의 달콤함과 동시에 이별을 생각하게 되고 나도 모르게 불안해지죠. 그러다 보면 나도 모르게 집착하게 되는 이런 태도가 이별을 가져올 수도 있어요. 모든 것이 어설픈 청소년기의 사랑은 이루어지기 쉽지 않아요. 그렇다고 청소년기의 사랑은 힘들다며 좋은 인연이 다가왔을 때도 '공부나 열심히 해야지' 하고 포기하지는 마세요. 그리고 사랑이 깨졌다고 해서 다시는 안 만나겠다며 체념할 필요도 없어요. 지금 누군가를 사랑하고 있나요? 언젠가 깨질지도 모른다는 불안

감을 던져버리고 그냥 열심히 사랑하세요.

만일 이 사랑이 이루어지지 않는다면 많이 아프겠지만 온전히 잘 견디어내길 바라요. 떠나버린 그 아이를 생각하며 실컷 슬퍼하세요. 그게 그리 쉽냐고요? 무척 어려운 일이겠죠. 하지만 여러분은 이 모든 만남과 행복했던 추억 속에서 날마다 앞으로 나아갈 거예요. 이런 경험을 통해 여러분은 내가 어떤 사람이고 누구와 잘 맞는지 알게 될 거예요. 그러니 좋아하는 사람을 많이 만나고 아파하고 이별도 겪어야 해요.

마음을 되돌릴 수 없다면 그냥 보내주세요. 그게 한때 사랑했던 사람에게 해줄 수 있는 마지막 배려예요. 그럼 먼 훗날, 그 아이와의 추억을 떠올릴 때 선물처럼 예쁜 기억이었다고 미소 지으며 회상할 수 있을 거예요.

"아픔 속에서 한 걸음 나아갈 때 어디선가
나의 그/그녀도 한 걸음 내게로 다가오고 있어요."

11장

저도 단짝이 생길까요

시간, 노력, 마음이 만드는 우정

전 친구가 많아요. 주변 친구들도 저를 인싸라고 말해요. 당장 카톡해서 오늘 뭘 하자고 하면 함께할 친구가 엄청 많아요. 저는 어울리는 친구가 다양해요. 학원에 같이 다니는 친구, 놀이동산에 함께 가는 친구, 쇼핑 가는 친구 등등 상황에 따라 저는 친구를 다르게 만나요.

한번은 부모님이 어떻게 만나는 친구들이 다 다르냐고 물으시더라고요. 저는 약간 의아했어요. 아니, 학원에 같이 다니는 친구가 놀이동산을 안 좋아할 수도 있잖아요? 저는 학원도, 놀이동산도 함께 가고 싶지만 싫다니 어쩌겠어요. 놀이동산에 가는 친구를 새로 만나면 되죠.

하지만 얼마 전부터 조금 외로워지기 시작했어요. 어딘가로 가거나 뭔가 같이할 친구들은 많은데 정작 속내를 털어놓고 이야기할 친구는 없거든요. 지난번에 제가 먼저 용기를 내어 친구들의 고민을 들어줬어요. 그런데 그 친구들은 제 고민에 관심이 없는 것 같더라고요. 그런 일이 몇 번 반복되고 나니까 왜 나만 고생해야 하지 싶었어요.

요새는 동네 고양이들한테 밥을 주면서 지내요. 분명 누가 봐도 친구가 많은데 그게 다 제 친구들인지는 모르겠어요. 예전에는 취미가 맞는 친구들을 만날 수 있어서 모둠 활동이 좋았어요. 지금은 그냥 다 피곤해요.

친구와 메이트는 다르다

아마 여러분도 이 친구의 친화력이 놀랍고 부러울 거예요. 이처럼 활동을 공유하며 즐거움을 나눈다는 것은 분명 친구 관계를 시작하는 기회가 될 수 있죠. 그런데 우리는 '친구'와 뭔가를 함께하는 동료의 개념인 '메이트(mate)'를 헷갈리는 것 같아요.

우정을 키우기 위해서는 상황에 따라 만나는 것만으로는 충분하지 않아요. 왜냐하면 친구란 단순히 '어떤 활동을 함께하고 즐거움을 나누는 존재'가 아니기 때문이에요. 익명으로 몰래 이야기를 전한 이 친구한테 저는 이런 말을 했어요.

나이에 따라 친구라는 개념은 다를 거예요. 하지만 사춘기든 어른이든 진정한 친구의 개념은 달라지지 않는다고 생각해요. 진정한 친구란 함께 있는 것만으로 행복과 안정감을 주는 사람이에요. 여러분은 정말 가깝게 생각하고 마음을 나누는 친구한테 어떻게 하나요? 나는 영화를 좋아하지 않지만, 친구가 영화를 좋아한다면 시간을 내어서 함께 영화관에 갈 거예요. 또 친구가 활동적이 아니라서 놀이동산에 가는 것을 나만큼 즐기지 않는다면 여러분은 어떻게 할까요? '나는 놀이공원이 좋지만, 그 친구는 힘들다고 하니까 서로 함께 즐거울 수 있는 곳을 찾아봐야겠다'라고 생각할 거예요.

사실 메이트와 관계를 맺으면서 이걸 우정이라고 생각하는 친구들이 많아요. 우정은 "네가 불편한 게 있다면 함께 좋은 방법을 찾아가자"라고 마음을 맞춰가는 거예요. 만약 친구에게 따로 양보할 마음 없이 나 좋은 것만 히겠다고 생각하면, 제대로 된 친구 관계는 만들어지지 않아요.

나만의 진정한 친구 찾기

이 친구의 말을 듣고 여러분은 어떤 생각을 했나요? 친구가 이처럼 여러분을 필요에 따라 이용하고 마음을 주지 않는다면 얼마나 속상할까요? 혹시 여러분도 자기의 필요에 따라 친구를 사귀고 있지는 않나요?

여러분이 친구라고 생각할 수 있는 관계를 살펴볼까요?

첫째는 같은 반이 아니어도 서로 연락하고 만나는 오래된 친구가 있어요. '절친'이라 할 수 있는데, 서로 이해관계를 따지지 않고 나만의 비밀도 나눌 수 있는 사이예요.

둘째는 같은 반에서 친한 친구들이에요. 이 친구들과는 함께 다니며 학교에서의 많은 부분을 공유하는 '단짝' 친구예요. 보통 '친구'라는 말이 가리키는 친구 관계라고 할 수 있어요. 그런데 이 친구들과는 일상적인 고민에 관해서 이야기를 나눌 수는 있지만, 밝히고 싶지 않은 비밀까지 공유하지 않는 것이 절친과 달라요.

셋째는 '학급 친구'라고 할 수 있는데, 학교생활에서 많은 시간을 함께하고 접촉이 많아서 겉으로는 친한 것 같지만, 마음속으로는 큰 의미를 두지 않는 관계예요. 지금 이 친구는 '학급 친구'로 지내는 아이들을 친구라고 생각하고 있지만, 엄격하게 따져 볼 때 이 아이들은 '친구 전 단계'라고 할 수 있어요. 진정한 친구가 '절친이나 단짝 친구처럼 이해관계를 따지지 않고 서로를 이해하고 비밀을 공유할 수 있는 사이'라고 한다면, 사실 친구가 없이 정서적으로 단절된 상황이라고 볼 수 있죠.

필요 대신 소중함을 느낄 수 있는 관계

여러분에게 '단짝' 친구나 '절친'이라 부를 수 있는 친구가 있나요? 모두들 이런 진정한 친구가 갑자기 내 앞에 '짠!' 하고 나타나기를 바라진 않나요? 아니면 아무 노력도 하지 않으면서 나중에 자연스럽게 친구가 생길 것이라고 기대하고 있나요? 그렇다면 생텍쥐페리의 《어린 왕자》라는 책 읽기를 권해요. 이 책에서 어린 왕자와 여우는 친구와 관계 맺는 법을 잘 보여주고 있어요. 황량한 사막에 불시착한 어린 왕자는 여우를 만났어요. 처음에는 낯설고 대화도 잘 통하지 않았지만, 어린 왕자는 매일 여우를 찾아가서 대화를 나누며 여우를 이해하려고 노력했어요. 그래서 그들은 '생각만 해도 행복해지는' 사이가 되었지요. 이렇게 시간을 들이면서 친해지려고 노력해야만 진정한 친구를 얻을 수 있어요. 이제 여러분이 진정한 친구를 원한다면 학급 친구들이나 모임 활동을 같이하는 아이들, 인사만 하는 아이들, 얼굴만 아는 아이들 속에서 '절친'이나 '단짝' 친구를 찾아보세요.

마음을 주고받음 없이 즐거울 때만, 무엇인가 필요에 의해서 친구를 사귄다면, 나의 속마음을 들어줄 사람이 필요할 때, 도움이 필요할 때, 힘들 때는 누구와 함께할까요? 친구란 이럴 때 나의 편이 되어주고 서로 믿어주며 호의를 베푸는 존재인 것을 기억하고 그런 친구를 만들어가세요.

"진정한 친구를 원한다면
먼저 이해심 많은 친구가 되어주세요."

분노 방출 전에 나를 다독이는 생각법

요즈음 많이 듣는 말 중에는 '나 상처받았어'라는 말이 있어요. 여러분은 얼마나 많은 마음의 상처를 받으면서 지내왔나요? 되돌아보면 하루에도 몇 번씩 감정이 상하는 일이 있었을 거예요. 마음의 상처는 폭행이나 폭언, 집단 따돌림, 절친의 배신, 이성 친구와의 이별 같은 심각한 사건에서뿐만 아니라, 우리 일상에서 빈번히 생겨요. 아침에 마주친 반 친구에게 반갑게 인사했는데 무시당했을 때, 친구가 없어 혼자 점심을 먹어야 할 때, 왠지 선생님이 나만 가지고 뭐라 하는 것같이 느껴질 때, 엄마가 내 말을 안 믿어줄 때, 믿었던 친구가 자신을 험담하는 소리를 들었을 때, 아무리 노력해도 원하는 것을 이루지 못할 것 같은 마음이 들때, 조별과제 시간에 자신이 낸 의견에 찬성하는 아이가 하나도 없을 때 등등 수많은 일이 우리의 마음을 상하게 해요.

어째서 이런 사소한 일에도 마음에 상처를 입고 불쾌한 감정을 느끼게 되는 걸까요? '마음에 상처를 입는다'라는 것은 '누군가에게 거절당하거나, 어떤 일에 배제되거나 인정받지 못해서 수치심이나 열등감이 생기고 자존심이 깎아내려졌다'라는 것을 말해요. 비록 사소한 것처럼 보이지만 그 일로 자존심이 건드려지게 되면 그 상처는 크게 남을 수밖에 없어요. 그만큼 자존심이라는 것은 우리에게 소중한 것이니까요.

마음의 상처에 대응하는 방법들

몸에 상처가 생기면 치료를 위해서 시간이 걸리고, 흉터가 남는 경우가 있듯이, 마음의 상처도 오랜 시간 마음을 고통스럽게 하고, 완전히 치유되지 않은 채 끊임없이 괴롭히기 때문에 일어나지 않기를 바라지만 피할 수는 없어요. 그러므로 마음의 상처를 치유하기 위해 노력해야 해요.

1) 무섭고 힘들다고 숨지 않기

여러분은 마음에 상처를 입는 일이 생기면 어떻게 반응하나요? 어떤 사람은 화에 휩싸여서 자신이 무엇 때문에 상처받게 되었는지, 상대는 왜 그런 행동을 하게 되었는지 생각해보지도 않고, 화를 폭발하거나, 아니면 관계를 끊어서 불편함을 피하려고 해요. 그런데 이렇게 반응하는 사람들은 더 좋은 관계를 원하는 마음을 가지고 있는데, 그것이 거절되어서 화를 내는 거라고 해요. 화를 냄으로써 거절당한 수치심이나 두려움을 가리는 거예요. 결국 상대방에게 관계를 원하는 자신의 마음은 전하지 못한채, 관계는 끝나버리게 되고 자신은 점점 더 외로워지게 돼요. 또 어떤 사람들은 모든 화살을 자기 자신에게 돌리고, 자신을 책망하며 깎아내림으로써 자신에게 상처를 주기도 해요. 이렇게 반응하는 사람들은 거부당한 경험이 있어서 모든 일에 인정받으려고 하고, 인정받지 못하면 곧 자신이 거부당했다고 느끼고 상처받게 된다고 해요. 이런 식으로 상처에 반응하다 보면 자신을 부정적으로 보고 실수할까 봐 불안해하고 자신감이 부족한 모습이 되어버려요.

마음의 상처에 어떻게 반응하든지 이는 상처의 아픔에서 벗어나려고 애쓰는 모습이지만, 이런 대응은 마음의 상처를 보듬어주고 그것을 이겨내도록 도와주지는 못해요.

2) 상처를 달래주며 벗어나기

상처받는 상황은 자신의 힘으로 어떻게 할 수 없을 때가 많아요. 그러므로 내가 바꿀 수 없는 상황에 초점을 두기보다 자신이 느끼는 힘든 감정을 스스로 달래주는 것이 상처를 치유하는 좋은 방법이에요.

그렇다면 상처받은 마음을 달래고 자존감을 지키는 방법에는 어떤 것이 있을까요?

보통 상처받았다고 느끼면, 그 상황에 대해서 생각해보지 않고 아무렇지도 않은 척하며 상처받은 감정을 피하려고 할 수 있어요. 그런데 상처로 인한 불쾌한 감정은 '좀비'처럼 여러분 곁을 떠나지 않고 틈만 나면 일어나서 괴롭히지 않던가요? 상처를 준 사람을 볼 때마다 속에서 끓어오르거나, 심하게 화낼 일도 아닌데 엉뚱한 사람에게 자신도 모르게 폭발하기도 하고, 이유도 알 수 없이 우울한 마음이 들기도 해요.

그럴 때는 상처받은 자신에게 '아, 네가 상처받았구나' 하고 토닥거리면서 상처받은 친구에게 말하듯이 자신을 위로해주세요. 그러면 마음속에 끓어오르던 감정들이 가라앉으면서 무엇 때문에 상처받았는지 알 수 있게 되고 고통스러운 감정을 줄일 수 있을 거예요.

3) SNS에 집착하는 대신 내 마음 표현법 익히기

상처로 인한 불쾌한 감정을 잊으려고, 손쉬운 해결책을 찾으려 하지 마세요. 예를 들면 달콤한 것을 먹는 것은 상처를 달래주죠. 다른 사람을 만나서 상처를 달래려고 할 수도 있어요. 게임을 많이 하거나 SNS에 집착 또는 인터넷 서핑, 쇼핑 목록을 쉼 없이 찾는 것, 과도한 다이어트, 운동에 몰두, 약물 복용 등등 이런 행동은 마음의 상처를 없애줄 것 같은 착각을 불러일으키죠. 하지만 이런 건 여러분을 중독으로 이끌 수 있어요. 이런 시도들은 어려움을 마주 보는 것이 아니라 일시적으로 회피하는 행동이니 진짜 해결책이 되지 않아요.

이럴 때일수록 자신의 마음을 상대방에게 솔직하게 표현해야 해요. 솔직하게 이야기를 하는 것은 용기가 필요하죠. 자신이 말한 결과를 책임지겠다고 결심해야 하기 때문이지요. 용기를 내 자신의 마음을 이야기할 때는 자신이 원하는 것에 초점을 맞추어서 하는 것이 좋아요. 상대방을 판단하거나 비방하는 태도는 금물이고요. 자신의 마음을 이야기하기가 쉽지는 않을 거예요. 그럴 때는 상대에게 전하고 싶은 말을 글로 써보면 좋아요. 맞은편에 상대가 있다고 상상하면서 어떤 점이 힘들었는지를 털어놓는 것이에요. 그다음에는 여러분이 상대방이 되어서 답장을 써보세요. 서로 마주 앉았다고 생각하면서 대화를 주고받는 거지요. 그러면 힘들었던 마음을 털어놓을 수 있고 상대방을 이해하는 마음이 생겨서 원망의 마음이 사라지게 될 거예요.

4) 따뜻했던 기억 떠올리기

상처에서 벗어나기 위해서는 긍정적인 면을 찾아보고 감사하는 마음을 가지는 것이 도움이 돼요. 감사하는 마음은 생활의 만족도를 높여주고 좋은 일에 대한 기억을 떠올리게 해서 긍정적인 감정을 되살려주는 효과가 있다고 해요. 현재의 결과가 좋지 않다고 해서 지나온 과정이 다 나빴던 것은 아니잖아요. 헤어진 친구로 인해서 상처받았지만 그 친구와의 모든 것이 다 나빴던 것은 아니었을 거예요. 사랑받았던 기억, 존중받았던 기억, 즐거웠던 기억이 차지하는 부분이 점점 커지면 상처로 인한 아픔도 점점 줄어들 거예요.

마음을 지키는 벽, 자존감

똑같은 일을 겪어도 어떤 사람은 상처받고, 어떤 사람은 상처받지 않아요. 이처럼 상처의 정도에는 차이가 있어요. 그 이유는 무엇일까요? 그것은 자신의 마음을 지키는 벽이 얼마나 튼튼한가 하는 것에 따라 달라져요. 이 마음을 지키는 벽은 바로 '자존감'이에요.

자존감이 강한 사람은 상처받더라도 상처를 오래 간직하지 않고 스스로 괴롭히지 않아요. 반면에 자존감이 약한 사람은 자신을 보잘것없는 사람으로 생각하기 때문에 다른 사람의 비판이나 거절에 쉽게 상처받고 그 상처에서 벗어나지 못해요.

자존감이 높다는 것은 자신을 있는 그대로 받아들인다는 것이에요. 자기 능력의 한계를 인정하고 숨기고 싶은 단점을 받아들이고, 다른 사람보다 잘할 수 있는 것에 자부심을 가져보세요. 그러면 다른 사람의 평가와 상관없이 자신이 소중하다는 사실을 알게 될 거예요. 이처럼 장단점이 모두 존재하는 '있는 그대로의 자신'을 받아들이고 사랑하면 열등감을 극복하고 원하는 모습을 향해 나아가는 자존감 높은 사람이 될 수 있어요. 배후의 지원군과 같은 자존감은 여러분이 인생에서 닥치는 위기들을 잘 이겨낼 수 있도록 도와줄 거예요.

TIP) 자존감 높이는 방법

◎ 꾸준히 자신의 마음을 확인하고 기록하기

  ㅡ감정일기, 칭찬일기, 감사일기 쓰기

◎ 나를 아끼고 사랑해주는 사람들과 함께 시간 보내기

◎ 혼자 있는 시간을 행복하게 보낼 수 있는 취미 갖기

  ㅡ산책, 운동, 음악 감상, 요리하기, 강의 듣기, 만들기, 독서 등

  하고 싶었던 것이나 배우고 싶었던 것 중에서 선택하기

◎ 자신 있거나 좋아하는 일을 찾아서 집중하기

◎ 작은 일부터 실천하면서 내 기분이 어땠는지 기록하고 사소한 성

  공 경험이라도 지나치지 말고 적어보기

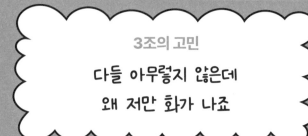

3조의 고민

다들 아무렇지 않은데
왜 저만 화가 나죠

여러분은 친구들뿐만 아니라 여러 사람들과 함께하며 전혀 다른 갈등을 겪기도 해요. 그리고 그런 어려움은 친구를 통해 커질 때도 있지만, 친구로 인해 풀리는 경우도 있지요. 이번에 만나는 3조 친구들의 고민에 어떤 답이 좋을지 같이 생각해봐요. 머리를 맞대면 분명 해결 방법을 찾게 될 거라 믿어요.

12장

걔는 넘사벽이라 좋은데 싫어요

자괴감 대신 자신감 챙기기

저는 수연이라고 해요. 저에겐 단짝 B가 있어요. 그 친구는 인기도 많고 공부도 잘하는 데다 얼굴까지 예뻐요. 다른 친구들에게도 인기가 많은데, 대화를 나눠보니 저랑 잘 맞아서 지금은 매우 친하게 지내고 있어요. 성격도 좋고 저에게 잘해주는데, 제가 좀 힘들어질 때가 있어요.

지난번 수학 시간에 있었던 일이에요. 선생님께서 어려운 문제를 풀어보라고 하셨어요. 다들 선뜻 나서지 못하는데, 저희 조에서 가장 똑똑한 B가 나가서 문제를 풀었어요. 선생님께서 칭찬해주셨죠. 아이들도 '역시 B야' 하는 눈치였어요. 그러면 단짝인 저도 기뻐하고 함께 칭찬해야 하잖아요? 그런데 오히려 친구가 주목받으니 질투가 나고 마음이 불편해지더라고요. 그러면서 쿨하게 칭찬해주지 못하는 저 자신에게 화가 났어요.

아무 잘못이 없는데도 그 친구를 미워하고, 자꾸 꼬투리를 잡으려는 제가 싫어요. B는 내가 투정을 부려도 싫어하지 않고 다 받아줘요. 차라리 나에게 너무 못됐다거나 밉다고 말하면 좋을 텐데…. 친구라면서 B를 그대로 받아들이지 못해서 마음이 힘들고, 이렇게 좋은 친구를 시기하는 제가 싫어요. 저는 왜 이러는 걸까요? 제가 참 나쁜 아이 같아요.

부러우면 지는 거다?

여러분 주변에도 수연이의 단짝인 B 같은 친구가 있지 않나요? 뭐 하나 빠질 것 없는 친구랑 친하게 지내면 행복할 줄 알았는데, 그게 아닐 때가 있잖아요. 그리고 그 친구랑 마음도 잘 맞고 이야기도 잘 통하지만 좋은 마음만 들진 않죠. 나도 모르게 비교하면서 주눅이 들기도 하고, 때로는 시기하는 마음 때문에 스트레스를 받게 돼요. 친구가 날 속상하게 하면 차라리 그걸 핑계로 흉이라도 볼 텐데, 그런 상황이 아닌데도 친구가 미워질 때가 있어요. 그럴 때 친구에게 화가 나기보다 속이 좁은 나에게 더더욱 화가 나고요. 우리는 이 문제를 어떻게 해결해야 할까요?

수연이가 말하던 수학 시간으로 돌아가볼까요? 다른 친구들도 쉽게 손을 대지 못하는, 굉장히 어려운 문제였어요. 다섯 명이 팀으로 모여도 뾰족한 수가 안 나는데, 갑자기 수연이의 절친인 B가 "아하!" 하면서 해결 방법을 제시하죠. 그때 선망 어린 시선으로 모두 B를 바라봐요. 여기서 잠깐만요. 이때 수연이만 부럽고 씁쓸한 느낌이었을까요?

여기 모인 친구들도 이와 비슷한 경험이 있을 거예요. 물론 마음이 너그러운 친구들도 있겠죠. 하지만 대부분 '부럽다. 쟤는 저렇게 잘하는데, 나는 뭔가?' 싶어질 거예요. 우리는 그런 마음을 시기심이라고 하죠. 시기심이란 '남이 잘되는 것을 샘내고 미워하는 마음'이라고 하는데요, 이런 마음은 비단 친구뿐만이 아니라 형제자매와의 관계에서도 만들어지죠.

내 실력도 괜찮은 듯한데, 유독 친구만 칭찬받으면 기분이 이상해요. '아니, 왜 쟤만 칭찬받아?' 하는 마음이 확 일어나죠. 그런 자신의 생각에 흠칫 놀라며 기뻐해주자 마음먹다가도 '이러면 지는 건데' 싶어지죠. 칭찬한다는 것은 친구보다 부족하다는 사실을 스스로 인정하는 셈이니 자존심이 상해서 더욱 할 수 없을 거예요. 이런 마음은 누구나 한번쯤 느끼는 감정일 텐데 솔직히 터놓고 이야기하기가 쉽지 않아요. 도대체 왜 그럴까요?

조별과제 하다가
폭발하지 않는 법

시기심은 왠지 내가 지질하다는 걸 드러내주는 것 같죠. 처음엔 마음이 잘 맞아서 친해졌지만 원치 않는 시기심을 만나고 나면 고민이 될 거예요. '꼭 얘랑 친구 해야 하나?' 하고요. 그런데 부러워하는 마음은 누구나 가질 수 있고, 꼭 나쁜 점만 있는 것은 아니에요. 오히려 친구가 잘하니까 '나도 저만큼은 해야지' 하며 목표를 세우고 그 일을 이뤄내는 원동력이 될 수도 있어요.

그러나 자칫해서 시기심이 커지면 상대방을 비방하거나 무시하는 행동으로 나타날 수 있어요. 아직 수연이는 그 정도까지는 아닌 것 같아요. 하지만 수연이는 이 상황을 들여다보면 좋겠어요. 어쩌면 수연이의 시기심을 눈치챈 B가 다 받아줘서 친구 관계가 유지되는 것일 수도 있어요. 만약 B가 수연이의 삐딱한 행동에 참지 못하고 화를 낸다면 둘 사이가 멀어지겠죠. 그러면 단순히 샘을 내던 관계에서 미움을 품는 사이가 될 수 있어요. 여러분도 절친이었던 친구들이 서로 비방하며 대립하는 경우를 본 적이 있을 거예요.

> 제가 누군가를 시기한다는 걸 알겠어요. 그런데 제가 처음부터 뭐든 잘했으면 누군가를 시기하고 질투하는 마음은 없었을 것 같아요. 이건 제가 너무 못나서 겪는 감정이 아닐까요?

친구를 생각하며 거는 주문, '오히려 좋아!'

먼저 자신을 미워하지 않았으면 해요. 둘러보면 나만 빼고 다 완벽한 것 같잖아요. 사실 우리는 어딘가 불완전한 사람들이에요. 수연이가 시기심 때문에 고민하듯, 어쩌면 B도 부족한 자신 때문에 속상해할지도 몰라요. 시기심으로 힘들 때는 그런 자신을 위로하면 좋겠어요. '내가 부러워하는 마음 때문에 이렇게 힘들어하는구나. 내 속이 좁은 것을 인정해야 해서 속상해하는구나' 하고요.

너무 밉다는 마음이 들면, 도대체 친구의 어떤 점을 부러워하는 걸까, 생각해볼 필요가 있어요. 그것이 공부라든가, 밝은 미소나 친절함처럼 노력해서 이룰 수 있는 것이라면, 여러분도 노력을 통해 부족한 부분을 채울 수 있어요. 그런데 노력으로 안 되는 거라면 내가 가질 수 없는 것들에 집중하기보다 나만의 장점을 찾아보세요. 이 세상에는 모든 것을 다 가진 사람도, 하나도 갖지 못한 사람도 없어요. 그러니 여러분에게 있는 자기만의 장점을 찾아 발전시키려고 노력해보세요.

시기심은 보통 비교하는 마음에서 시작돼요. 아무리 좋아하는 친구라도 내가 친구보다 뭐든 잘하면 기분이 좋죠. 그런데 이 기분은 오래 가지 않아요. 나의 위치가 항상 똑같이 유지되는 건 아니거든요. 누구보다 더 잘해서 만족한다면, 이후에 나보다 더 잘하는 사람이 내 자리를 차지한다면 굉장히 힘들겠죠. 그러다 보니 우리는 늘 불안함을 느낄 수밖에 없어요. 그러므로 비교는 변화의 목표로만 생각하고, 지난날의 자신과 오늘의 자신을 비교하는 마음을 가져보면 어떨까요? 3년이나 1년 전보다 여러분이 얼마나 성장하고 발전했는지를 되돌아보면 그것을 이루기 위해 노력한 자신을 인정할 수 있을 거예요.

자괴감이 아니라 더 나아지고 싶다는 의욕

여러분이 시기심을 왜 느끼는지 생각해보았나요? 그 이유가 내가 저 친구보다 못하다는 자괴감이 원인이 아니라 나에게 부족한 점을 발견했기 때문이라면? 시기심은 결국 나 자신의 부족함을 일깨워주는 감정이에요. 시기심을 바라보는 관점이 바뀌면 그건 모두의 성장을 이끄는 원동력이 될 거예요.

비교의 기준을 자신 안에 두면 좋겠어요. 비교의 기준은 사회적 분위기에서 만들어지는 것이잖아요? 즉 외모를 중시하는 사회라면, 모두가 외모를 비교하고 예쁜 사람이 되려고 노력할 거예요. 물질을 중시하는 사회에서는 당연히 모두가 가진 것을 비교하고 더 많은 것을 소유하려고 해요. 그런데 만약 사회가 제시하는 비교의 기준이 '선함'인 사회라면 모두가 선한 사람이 되려고 노력하지 않겠어요?

중요한 것은 사회적 분위기에 휩쓸리지 않고 나만의 기준을 찾아서 세우는 거예요. 나만의 기준은 하루아침에 생기지 않아요. 더 많이 경험하고 폭넓은 관심을 갖고 세상을 볼 수 있어야 해요. 친구들은 아직 어리다 보니 할 수 있는 경험이 그리 많지 않아요. 하지만 경험은 간접적으로도 가능해요. 타인의 삶을 잘 들여다볼 수 있는 독서가 아주 유용할 거예요.

그럼에도 나보다 뛰어난 친구 때문에 속상한가요? 사람은 자신과 비슷한 사람 곁에 머무르고, 친구와도 닮아가지요. 뛰어난 친구와 함께 있으면 여러분도 그 친구만큼 성장하는 사람이 될 거예요. 왜냐하면 친구는 서로에게 영향을 미칠 수밖에 없거든요. 부러워할 만큼 멋진 친구라면, 여러분은 친구에게서 좋은 점을 배울 수밖에 없어요. 여러분도 알게 모르게 친구에게 자신이 가진 좋은 점을 나누고 있을 거예요.

시기심은 나를 불편하게 만드는 피하고 싶은 감정이 아니라 나의 부족함을 느끼게 해주고 더 성장하게 만드는 감정이라고 생각을 바꿔보자고요. 그러면 친구와 좋은 관계를 유지할 수 있을 거예요.

"나를 성장시키는 친구와
함께 있어 더욱 좋아요!"

13장

남들이 칭찬할수록 내가 미워져요

착함 플렉스는 이제 그만

저는 미나라고 해요. 저에게는 여동생이 둘이 있어요. 저는 맏이에요. 어릴 때부터 동생을 돌보는 일에 익숙해져서 그런지 친구들을 챙기는 것도 특별히 힘들진 않아요. 그런데 얼마 전 조별과제를 하는데, 애들이 과제가 너무 어렵고 힘들다고 하더라고요. 그래서 도와주겠다고 말했어요. 늘 동생에게 하는 것처럼 매번 도와주겠다고 말하다 보니 조별과제가 아니라 제 개인 과제로 변해 있더라고요. 이건 아니라고 말하고 싶지만 애들이 "지가 먼저 도와준댔으면서 왜 저래!"라고 한마디 할 것 같아요.

항상 이런 식이에요. 저는 동생들에게도 친구들한테도 싫은 소리를 못 해요. 매번 양보하고 저를 낮추다 보니 자존감도 떨어지고 예민해져요. 애들은 이런 제 마음은 모르고 매번 성격이 좋다고 말해요. 동생들도 우리 언니가 착하다고 말하죠. 전 모두에게 "난 성격이 안 좋다고, 나도 너희들이 나를 도와줬으면 좋겠다"고 말하고 싶은데 쉽지 않아요.

저는 도대체 왜 이런지 모르겠어요. 어떤 때는 아이들이 무리한 부탁을 하면 나를 이용하는 것 같은 생각이 들어서 속상하고 가까이하기가 싫어져요. 학교에서는 사이가 나쁜 아이 없이 두루두루 잘 지내지만 친한 친구는 없는 것 같아요.

모두에게 착한 언니

항상 밝고 명랑하게 지내지만, 가면을 쓴 것 같은 답답함을 느껴본 적이 있나요? 이 세상에 나를 알아주는 사람은 아무도 없는 것 같고 내 마음이 이렇다는 것을 아는 사람은 아무도 없어요. 누구에게도 내 마음을 표현한 적 없이 남에게 맞추고 지내왔으니까요.

살아가면서 하고 싶은 대로 다 하면서 살 수는 없다는 것을 여러분도 알고 있겠죠? 그것은 철없는 어린아이 때나 가능하다는 것을 여러분도 잘 알 거예요. 그래서 양보하고, 적당히 예의를 지키면서, 나의 감정을 감추며 슬기로운 '사회생활'을 하게 돼요. 다른 사람에게 나의 좋은 모습을 보여서 좋은 사람으로 기억되기를 원하는 것은 우리 모두의 바람이니까요. 미나의 경우는 조금 도가 지나친 것 같지 않나요? 한마디로 남의 평가에 '너무' 신경 쓰고 있어요. 부모님이나 친구들의 기대나 말에 따르고 심지어 다른 사람이 원할 것 같은 행동을 하잖아요?

미나는 학교뿐만 아니라 집에서도 집안일을 적극적으로 돕는다고 해요. 부모님이 그런 미나의 행동을 칭찬하시면 기분이 좋지만, 사실 미나는 집에서도 쉴 수가 없어서 힘들어해요. 미나의 어머니도 미나가 집안일을 잘 돕고 엄마의 말을 잘 들어주어서 고맙지만, 이처럼 미나가 힘들어한다는 것을 아신다면 깜짝 놀라겠죠. 그리고 미나에게 집안일을 맡기지 않고 다른 방법을 찾으실 거예요.

남들은 나를 좋아해. 그런데 나는 내가 싫어

우리가 여기서 주목해야 할 점은, 미나의 행동은 누군가 미나에게 해달라고 한 것이 아니라는 거예요. 그런데 미나는 다른 사람이 자신을 어떻게 생각하는지, 자신이 다른 사람에게 미움받는 존재는 아닌지 늘 전전긍긍했어요. 미나는 알 수 없는 상대의 마음을 혼자서 추측하고 이에 맞추려고 노력하는 거죠. 그러다 보니 미나는 자신이 친구나 부모님이 원하는 일을 하는지 불안할 거예요. 또 다른 사람을 과도하게 신경 쓰다 보니 에너지가 많이 소비되어 늘 피곤하고 지치고요.

이런 사람들은 보통 말하는 '착한 아이 콤플렉스'를 가진 사람들이에요. 다른 사람들의 마음에 들기 위해서 자신의 감정과 욕구를 억제하면서까지 지나치게 노력하는 사람들을 말해요. 이 사람들은 다른 사람이 자신을 착한 사람이라고 생각하는지 끊임없이 눈치를 보면서 행동하지만, 마음에 만족감은 없어요. 다른 사람의 마음을 완전히 알 수 있는 사람은 없으니까요.

여러분도 주변에서 미나와 같은 친구를 보았을 거예요. 싫은 소리 하나 없이 내 말을 다 들어주고 양보도 잘하는, 이런 친구들은 편하고 참 좋아요. 하지만 늘 좋은 모습만 보이니까 그 속을 알 수 없고, 친절한 행동은 나뿐 아니라 모두에게 하는 것이라서 그냥 '착한 아이'이지 '내 친구'라는 느낌이 들지 않아요.

> 애들이랑 사소한 말다툼도 하기 싫어요. 친구와 틀어질 때 느끼는 긴
> 장감이 싫거든요. 그렇지만 속마음을 말하지 못하니까 점점 외로워요.
> 그런데 내 마음을 몰라주면 금세 상처받아요. 저 정말 문제예요.

내가 할 수 없는 일

이러한 마음의 문제를 겪고 있다면 어떻게 하면 좋을까요? 우선 바보 같다고 생각될 정도로 항상 착하고 친절한 여러분의 성격을 자랑스럽게 생각해주세요. '이기적이고 남을 이용하려는 사람이 많은데, 나와 같은 사람이 있어야 세상이 좀 살 만하지 않을까? 나와 같은 사람은 세상에 꼭 필요한 사람이야. 좀 손해 보면 어때?'라는 마음으로요. 여러분의 선한 행동이 쌓여서 언젠가 좋은 결과로 돌아올지도 모르잖아요?

하지만 주위 사람에게 너무 의존적이어서 '혹시 나를 버리면 어쩌나, 그러니 잘해줘야지' 하는 마음으로 힘겹게 남에게 맞춰주고 있다면 이렇게 해보세요. 먼저 자신의 마음을 잘 들여다보고 이를 표현해보세요. 미나의 경우라면, 어머니에게 "엄마, 이상

해. 엄마가 하라고 한 것도 아닌데 힘들어도 엄마를 도우려고 해. 내가 그렇게 안 해도 엄마는 나를 사랑해줄 텐데, 나도 모르게 엄마에게 잘 보이고 싶은 마음이 있나 봐" 하고 마음을 표현해보세요. 어머니가 어떻게 나오시든지 자신의 힘든 마음을 전했다는 것이 중요해요.

이렇게 마음을 표현하려면 자기가 원하는 바를 솔직하고 부드럽게 이야기하는 연습도 필요해요. 어머니는 여러분의 속마음을 눈치채지 못하셨을지도 몰라요. 아무리 가까운 부모와 자식 사이라 하더라도 이야기하지 않으면 마음을 알 수 없으니까요. 그러므로 원하는 것을 감추거나 양보만 하지 마세요.

학교에서도 마찬가지예요. 친구들에게 친절히 대해주고 배려해주는 것은 참 잘하는 일이에요. 그러나 친구의 요구가 내가 들어주기에 무리하게 여겨진다면 좋게 보이려고 마음을 숨기지 말고 이야기해보세요. "미안해. 너를 돕고 싶지만, 이번 일은 내가 할 수 없어"라고 말하는 거죠.

마음을 표현한다는 것이 왜 중요할까요? 그것은 내 마음이 원하는 것을 내가 알아주고 인정한다는 거예요. 나 자신이라도 나를 인정해준다면, 나를 인정해줄 다른 누군가가 필요하지 않을 테니까요. 자신에게 말해주세요. '모든 사람에게 항상 좋은 사람이 될 수 없다'라는 것을요. 이렇게 자신의 한계를 받아들인다면 한 단계 성숙해진 자신을 발견하게 될 거예요. 나를 마음에 들어 하지 않는 사람에게 귀 기울이는 마음을 접고 나를 있는 그대로 좋아해주는 사람을 찾아서 그들과 함께 마음을 나누어보세요. 그동안 다른 누구를 위해 착한 사람으로 행동했나요? 이제 자기 자신에게 착한 사람이 되어주세요. 그동안 다른 사람이 중요했다면 이제 나를 중요하게 여겨주세요.

"나를 다른 누구로 바꾸려 하지 마세요.
지금 모습으로도 충분해요."

14장

가스라이팅 하는 친구를 어떻게 대해야 할까요

무조건적인 내 탓 금지

안녕하세요! 저는 단우라고 해요. 왜 조별과제 하다 보면 꼭 이래라저래라 하며 시키는 친구들 있잖아요. 공부 좀 한다는 이유로 나에게 방향을 제시하는 애들이 정말 정말 싫어요!

제게 누나가 한 명 있어요. 공부를 워낙 잘해서 동네 사람들이 모두 다 아는 그런 사람이죠. 우리 누나는 자기가 잘하니까 좀 느린 사람을 잘 못 견뎌요. 제가 공부하면서 문제를 풀다가 끙끙대고 있으면, "누나 하는 거 잘 봐" 하며 부탁도 안 했는데 문제지를 가져가서 혼자 쓱쓱 풀어요. 그런 일만 있으면 다행이죠.

제가 실수하잖아요? 그러면 누나는 내 생각을 무시해요. 제가 누나 말을 안 듣고 저만의 방식으로 하면 화를 내요. "내가 잘 아는데, 넌 누나 말만 따르면 돼"라고 말하죠. 심지어 "네가 나보다 똑똑해?"라는 뒷말이 이어지기도 하고요. 제가 혼자서 할 수 있다고 말하면, 누나는 그걸 못 견뎌요. 누나에게 항의하는 것도 아니고 저 혼자만의 길을 찾아보겠다는 말인데, 그게 마치 자기 말을 부정하거나 비난하는 것처럼 들리나 봐요.

그런데 조별과제할 때 꼭 그런 친구들이 있어요. 다들 어떤 역할을 할까 고민 중인데, 넌 이거 해 와, 저거 해 와, 하면서 지정해주는 거예요. 다른 방식이 괜찮을 것 같아 제안하면 화를 내고요. 자기가 조별과제 이끌면서 실수한 적이 있냐는 거죠.

이렇게 자기가 다 옳다, 자기만 잘났다는 친구들을 만나면 우리 누나 생각이 나서 힘들어요. 조별과제 목적이 함께하면서 협업을 배우라는 거 아니에요? 좀 실수하고 목적지까지 돌아가면 안 되나요? 뭐든 자기 뜻대로 해야 하는 친구들을 보면 우리 누나가 생각나요. 자신만이 정답을 갖고 있다고 생각하는 거죠. 집에서도 누나한테 시달리는데, 학교에서도 누나 미니미들로 가득한 것 같아서 답답합니다.

나르시시스트는 누구일까

단우의 고민이 낯설지 않은 친구들이 있을 거예요. 조별과제를 하다 보면 정말 사람마다 성격이 다양하다는 사실을 느낄 수 있어요. 분명 내 마음을 속속들이 이해하는 것 같아 '찐친'이라고 생각했는데, 막상 조별과제를 할 때 보면 지나치게 자기중심적인 거죠. 자기가 유리한 방향으로 조별과제를 정리하는 것뿐만 아니라 뭘 한 것도 없으면서, 자신이 가장 열심히 했다며 당당한 태도를 보이기도 하고요.

너무 태연하게 자신만이 중요한 것처럼 포장하다 보니 곁에 있는 친구들은 원래 이게 맞는 건가 하고 받아들이게 되고요. 이런 친구들을 보통 자기중심적인 사람, 나르시시스트라고 해요.

나르시시스트는 여러 특성이 있겠지만 공통적으로 자신이 잘났음(우월함)을 강조하고 스스로가 중요한 사람이라고 과대평가해요. 거기까진 괜찮지만 자기 욕망과 필요를 우선시하기 때문에 다른 사람들의 감정을 무시하거나 가볍게 여기곤 하죠.

이런 사람들이 타인에게 공감하지 못하는 것은 당연하겠죠. 다른 사람이 어떻게 느끼는지, 뭘 필요로 하는지, 이해하고 싶지 않고, 이해할 능력도 없으니까요. 그리고 신기하게도 이런 사람들은 자신을 긍정적으로 봐줘야 해요. 타인에게 인정받고 남들이 우러러보는 환경을 좋아해요. 그렇지 않으면 주변 사람들에게 분노를 표현할 때도 있어요. 단우의 친구도 그런 경향이 있는 것 같아요. 어쩌면 그 친구는 늘 높은 점수를 얻었으니 다른 친구들의 의견은 다 소음처럼 들릴 거예요.

이런 친구들은 경쟁에서 이기는 걸 중요하게 생각해요. 다른 친구들과 경쟁하는 과정에서 문제가 생겨도 크게 마음에 두지 않아요. 오직 1등만 하면 된다, 혹은 내가 너를 이기기만 하면 된다는 태도를 보이죠. 그런데 이런 친구들이 우리를 힘들게 하는 이유가 하나 더 있죠. 조별과제 할 때만 아니면 괜찮은 친구여서 이런 태도를 조금 바꾸면 좋겠다, 라든가 너의 이런 행동 때문에 힘들다고 말하면 크게 화를 내니까요.

나를 힘들게 하는 너

단우의 누나도 그런 경향이 있는 거 아닐까요? 자세히 들여다보면 단우의 누나는 단우의 상황이나 감정을 존중하지 않는 것 같아요. 단우는 시행착오도 겪으며 자신이 직접 해보고 싶지만, 누나는 단우의 마음을 잘 헤아리지 않는 것 같아요. 아무래도 단우의 누나는 공부나 친구 관계에서 어려움을 겪은 적이 없다 보니 자기중심적으로 생각하는 경향이 있지 않나 싶어요.

이런 사람이 가까이 있거나 함께 일을 해야 한다면 그 괴로움이 이루 말할 수 없을 거예요. 강요하는 말에 주눅이 들기도 하고 자존심이 상할 때도 있고요. 그러다가 욱하는 마음이 들기도 하고요. 이런 사람이 곁에 있어서 신경이 쓰이고 불편함을 느낀다면 손절만이 정답이겠죠. 그러나 가족이나 조원처럼 피할 수 없다면 어떻게 이런 사람들에게 상처받지 않으며 적절하게 관계를 유지할 수 있을까요?

이기적이고 자기주장이 강하여 함부로 말하고 지시적인 태도에 자기만 잘난 것처럼 행동하는 사람 때문에 기분이 나빠진다면, 그 사람과 자신 사이에 선을 긋는 태도가 필요해요. 먼저 그 사람의 주변을 살펴보세요. 만약 모두에게 그렇게 행동한다면 그 사람의 문제인 것이지요. 그렇다면 문제가 있는 사람의 행동에 휘말릴 필요도 없고 나에게 부족한 점이 있는 것처럼 자존심 상해할 필요도 없어요. 이렇게 상대방에게서 감정적으로 떨어져 나오면 그 사람의 문제가 보이게 될 거예요.

벼는 익을수록 고개를 숙인다

자기중심적이고 자신만을 특별하게 생각하고 남을 배려하지 않는 사람들. 이들은 왜 이렇게 행동하는 걸까요? 그들은 제한적인 경험과 편협한 생각으로 살아오면서 자신이 알고 있는 것이 전부라고 생각하는 사람들이에요. 즉 단 하나의 예를 가지고 모든 일에 일반화시키는 어리석은 사람들이지요. 당연하게도 이들은 다른 사람의 눈으로 세상을 이해하는 공감 능력이 부족해서 다른 사람의 시각을 존중하는 데 어려움이 있죠. 한마디로 미숙한 사람이라고 할 수 있어요.

미숙한 사람들은 자신만의 기준으로 다른 사람의 능력에 대해서 불신하고 자기만 잘한다는 식으로 생각해요. 그리고 자신감 넘치는 말과 행동으로 상대방의 마음을 뒤흔들면서 다른 이들에게 관심과 인정을 받으려 해요. 그 누구도 완벽한 사람은 없는데도 이 사람들은 자신이 완벽하다는 착각에 빠져 있는 거죠.

여러분 주변에 이런 사람들이 많지 않은가요? 아직 경험도 부족하고 배워야 할 것이 많은 청소년기에는 미숙한 모습이 어쩌면 당연할 수 있어요. 하지만 이른 중에서도 여전히 자기중심적이고 자신만이 완벽하다고 생각하고 다른 사람을 함부로 판단하는 미성숙한 사람들이 있어요. 어른이 되어서도 이런 모습이라면 정말 부끄럽죠. 하지만 자신의 모습이 그렇다는 것을 몰라요.

그러므로 여러분도 지금부터 열린 사고를 가지고 누구도 완벽할 수 없다는 것, 세상이 빠르게 변화하고 있다는 것, 다른 사람들도 나름대로 타당한 시각과 방향을 가지고 있다는 것을 인정하는, 성숙한 생각을 할 수 있도록 자기 성찰을 하는 습관을 지녀보세요.

여러분을 힘들게 하는 그들의 행동이 그들의 문제인 것을 알고 나니 마음이 조금은 편해졌나요? 이런 사람을 대하는 가장 좋은 방법은 적당히 거리를 두고 대하는 것이에요. 어떤 말이나 행동으로도 그들을 변화시키기 어려우니까요. 그래도 조금이라도 좋은 관계를 유지하고 싶다면 상대방이 원하는 것을 적절히 제공하면서 마음을 얻는 방법이 있어요. 그들이 원하는 것은 무엇이었나요? 자신이 특별한 능력이 있는 사람이라는 사실을 인정받기를 원하고 있잖아요? 그러므로 그들이 잘하는 것을 칭찬해주고 존경심을 보이며 관심을 보여주는 말을 하는 것이에요. '역시 네가 하면 훌륭해' 하는 식으로요. 이 사람들은 실제로 잘하는 것도 많으니까 그들의 장점을 잘 살폈다가 인정하면 마음이 너그러워져서 여러분을 대할 때는 좀더 기분 좋게 대할 거예요.

그러나 선을 넘어 과도하게 요구하면 적절히 거절해야 해요. 화를 내면 어떡할까, 하는 마음이 들겠지만 그동안 여러분이 보내준 칭찬과 관심 때문에 수용적으로 대해줄 가능성이 있어요. 거절할 때도 상대가 좋게 보이고 싶어하는 부분에 대해 인정해주면서 표현하면 좋을 것 같아요.

> 그럼 선생님 그런 얄미운 녀석들한테 칭찬까지 해주라고요? '그 일은 내 능력으로 어려워. 그건 능력자인 네가 하면 더 좋겠어'라고요? 싫어요! 자존심 상해요!

실수하겠다는 마음은 너무나 귀한 능력

우리가 정말 그들보다 못해서 그런 말을 하는 건 아니잖아요. 그들에게 휘둘리지 않기 위한 하나의 방법이에요. 남을 인정한다고 내 가치가 낮아지는 건 아니에요. 단우도 자신을 돌아보면 좋을 것 같아요. 어릴 때부터 우월한 누나와 비교당하면서 자랐다면 자존감이 떨어지고 다른 사람의 인정을 받으려고 무척 애쓰다가 이제는 포기했을지도 모르겠네요. 그래서 이런 유형의 사람들을 만나면 어린 시절의 상처가 떠오르게 되고, 그들의 좋은 점들에 대해서 솔직하게 인정하지 못할 수 있어요. 또는 마음이 상해서 합리적으로 상황을 바라보지 못하고 터무니없이 자기주장을 내세우며 갈등을 일으킬 수도 있고요. 그렇다면 여러분도 결과적으로 이 사람들에게 휘말린 것이에요.

이 세상에 완벽한 사람은 없으며 사람마다 자신이 잘하는 분야가 있어요. 우리나라에서는 공부나 운동 등 눈에 띄는 결과가 있는 것만 인정하는 분위기라서 남이 알아주기에 어려운 분야들이 있어요.

단우는 실수하더라도 새로운 것을 시도하려는 개척자 정신이 있는 것 같아요. 결과에만 집착하지 않고 과정을 통해 이루려는 이런 마음은 창의적인 일을 하는 데 밑바탕이 될 수 있어요. 그러므로 단우도 남들과 비교하지 않고 자신의 좋은 점을 찾고 부족한 점이 발견되면 개선하려고 노력하며 나아가세요. 남들이 알아주지 않아도 단우 스스로 그런 자신을 인정하고 칭찬해주세요. 그러면 이런 사람들이 뭐라 하든지 당당해질 수 있을 거예요.

또한 이 사람들은 다른 사람에 대한 신뢰가 부족하다고 했지요? 혹시 단우도 그들에게 신뢰를 얻지 못할 만한 이유를 제공한 일이 없었는지 자신에게 물어보세요. 부족한 점이 있으면 고쳐나가면 되고, 실력을 키워야 한다면 '까짓것 열심히 하는 데까지 해보자' 하는 마음으로 도전하면 어떨까요? 완벽한 사람은 없다는 것을 다시 한번 되새기면서요.

"나의 잘못과 너의 잘못을 분리하고,
무조건 내 탓도, 무조건 네 탓도 하지 않을 때
존중하는 관계가 시작돼요."

15장

부모님은 제가 없는 게 편하지 않을까요

부모님과 나 사이의 적정 거리

전 진현이라고 합니다. 다들 친구 때문에 고민인 것 같은데, 저는 요새 저희 엄마 때문에 고민이에요. 엄마가 작년에 큰 수술을 하셨어요. 엄마는 나이가 들면서 여기저기 아픈 데가 생겨서 그렇다고 하시지만 저는 알아요. 저희 집안 형편이 어려워져서 엄마가 일을 너무 많이 하다 보니 아프셨다는 것을요. 저도 가만히 있긴 그래서 열심히 공부하지만 부모님 눈에는 안 차는 것 같아요. 특히 엄마요. 어제 학원 끝나고 너무 피곤해서 씻지도 않고 잠들었는데 아침에 일어나니까 엄마가 잔소리를 하시더라고요. 안 씻고 잔 제 잘못이니까 묵묵히 듣고 있는데, 갑자기 엄마가 "자식을 잘못 키웠다" 하며 우시는 거예요. 저도 속상한 마음에 잔소리 좀 그만하시라고 소리를 질렀어요.

솔직히 저는 집안이 어려운 것 같아 친구들이 놀자고 해도 바깥에 안 나가고 최대한 공부를 열심히 하고 있어요. 엄마가 고생하시는 것이 안쓰러워서 엄마 힘 안 들게 하려고 애쓰고 있고요. 제가 돈이 없어서 친구들과 잘 어울리지 않으니까 애들이 함부로 대할 때가 있어요. 그래도 문제를 일으키지 않으려고 다 참았어요. 우리 엄마는 좀 다혈질인 것 같아요. 다정하고 좋으시지만 어떤 때는 상처 주는 말을 하세요. 그런데 이젠 못 참겠어요. 엄마를 위해 저도 열심히 살고 있는데, 매번 못났다는 이야기만 들으니까 지쳐요.

1학기 수학 시험 때였어요. 문제지를 받았는데 숨이 안 쉬어지고 쓰러질 것 같아서 시험 보다가 말고 보건실에 다녀왔어요. 금방 증상은 없어졌지만, 시험은 망쳤어요. 그 후론 수학 시험을 볼 때마다 너무 긴장해서 시험을 제대로 보기가 어려워요. 수학 점수가 잘 안 나오면 엄마가 실망할 텐데 큰일이에요. 두 분이 그래도 제가 공부를 잘해서 뿌듯해하는데, 그것마저 못하면 도대체 저는 부모님께 어떤 기쁨이 될 수 있을까요?

엄마, 아빠가 걱정되는 내 마음을 아세요?

세상에서 가장 걱정을 많이 하는 사람은 부모님이 아닐까 싶어요. 여러분의 부모님은 어떤 걱정을 하시나요? 밥을 잘 안 먹어서 걱정, 잘 먹으면 살찐다고 걱정, 공부 안 한다고 걱정, 공부를 열심히 하면 내 자식 힘들까 봐 걱정, 친구가 없을까 봐 걱정, 친구가 너무 많아서 놀기만 할까 봐 걱정, 게임을 너무 많이 할까 봐 걱정 등등 그야말로 부모님은 온갖 걱정을 다 끌어안고 사는 것 같아요. 그런데 부모님들은 알고 계실까요? 자녀들도 부모님들을 걱정하고 있다는 것을요. 부모님은 자신들의 어려움을 자식에게 잘 감췄다고 생각하지만 우리는 알죠. 부모님이 뭘 걱정하는지를요. 부모님의 근심은 우리에게 큰 영향을 끼쳐요.

여러분도 혹시 이 친구처럼 나아지지 않는 가정 형편과 이를 걱정하는 부모님의 모습을 보면서 마음이 무거웠던 적이 있나요? 이럴 땐 학원비나 교통비, 문제지를 사야 하는 것도 미안하게 느껴져 말을 꺼내기가 힘들어져요. 집안 형편은 점점 나빠지는 것 같고 부모님의 걱정과 근심은 많아지죠. 아직 돈을 벌어올 나이도 안 되었으니 자신이 쓸모없는 사람처럼 느껴지기도 하고요. 아무것도 할 수 없다는 무력감마저 느끼게 돼요. 그럴 때 여러분이 할 수 있는 일이 무엇이겠어요?

'나라도 기쁘게 해드려야지' 하는 마음으로 힘든 공부도 열심히 하고, 어려운 일이 있어도 내색하지 못하고 혼자 견뎌낼 거예요. 더구나 엄마가 큰 병에 걸렸다면 그 마음은 어떻겠어요? 엄마에게 더욱 집착하게 되고 걱정과 불안은 이루 말할 수 없겠죠. 그러다 보니 자신의 의견은 점점 없어지고 자신을 표현하는 일도 어렵게 돼요. 부모님을 위해서 공부도 더 잘해야 한다고 생각해서 시험과 진로에 대한 압박을 남들보다 더 강하게 받지만, 부모님께 힘들다는 투정 한번 부릴 수 없으니 스트레스는 남몰래 쌓여만 가요.

이렇게 표현되지 않은 부정적 감정은 어떤 모습으로든지 나타나요. 그래서 가장 중요하게 생각하는 수학 시험의 긴장감이 신체적 증상까지 가져오게 된 거예요. 이처럼 마음의 부담과 스트레스는 우리의 신체까지 장악하고 나아가 우리의 꿈까지도 무너뜨릴 수 있어요.

진현이의 상황이 참으로 안타까워요. 진현이는 어떻게 해야 이런 어려움에서 일어나서 자신의 꿈을 이루어갈 수 있을까요?

과도한 책임감은 내 것이 아니야

진현이가 이처럼 힘들어하는 이유는 과도한 책임감 때문인 것 같아요. 가정의 경제적 문제, 부모님께 기쁨이 되려는 마음으로 노력하고 참는 것, 앞으로 잘돼야 한다는 중압감 등등. 어떤 것은 청소년기에 가져야 할 마땅한 과제이지만 어떤 것은 자신이 해결할 수 없는 것이에요.

이 친구에게 지금 가장 필요한 것은 부모님으로부터 감정적으로 독립하여 마음의 짐을 더는 것이에요. 부모님과 자신은 별개의 인생이라는 것을 확실히 인정하고 각자의 책임을 구별하는 것이지요. 부모님이 경제적 문제로 다투실 때 마음이 불안하고 걱정이 많이 되리라는 것은 우리도 공감해요.

> **"**
>
> 부모님만의 문제라며 거리를 두는 건 식구로서의 예의가 아닌 것 같아요. 부모님은 절 위해 애써주시는데 모른 척하면 제 마음이 더 불편해져요.
>
> **"**

하지만 함께 걱정한다고 해서 할 수 있는 게 없잖아요? 실제로 부모님은 자신들의 문제에 대해서 나름대로 해결책을 가지고 있는데, 자녀들이 너무 심각하게 받아들이는 경우들도 있어요.

아직 경제적으로나 감정적으로 완전한 독립이 어려운 청소년으로서 자기 보호적인 태도를 갖는 것이 마음의 부담을 줄이는 데 도움이 될 수 있어요. 남들이 보호하지 않는다면 여러분 자신이라도 스스로를 보호해야 하니까요.

부모님의 삶과 나의 삶은 달라

이번 기회에 부모님과의 관계를 돌아보세요. 특히 어머니와 적절한 거리가 유지되고 있나요? 어머니도 힘든 생활 중에 자녀에게 의지하는 마음이 생겼을 거예요. 착하고 당신의 말을 다 들어주는 아들이니까요. 하지만 자녀에게는 자녀의 삶이 있고 어머니에게는 어머니의 삶이 있어요.

자신의 마음을 돌보고 자녀로서 자기의 모습을 찾기 위해서는 아버지와의 관계도 돌아보세요. 혹시 아버지가 가족을 풍족하게 부양하지 못한다고 해서 못마땅하게 생각하거나 미덥지 않게 생각하지는 않았나요? 그런 마음이 있으면 자기도 모르게 자신이 어머니에게 아버지와 같은 역할을 대신하려고 하겠지요. 자녀가 아버지와 어머니의 관계에 대해서 지나치게 걱정하는 것은 바람직하지 않아요. 이제 아버지에 대한 관점을 바꿔야 해요. 아버지가 경제적으로 가정을 풍요롭게 하지 못했지만, 그동안 노력하고 애쓰신 것을 인정하는 마음을 가져보세요. 가정의 생계를 아버지가 꼭 책임져야 하는 것은 아니잖아요? 누구라도 할 수 있다는 유연한 생각을 가지면, 아버지에 대한 원망이나 어머니에 대한 안타까움이 줄어들 수 있을 거예요.

아버지의 좋은 점, 나를 이해해주고 따뜻하게 대해주시던 것과 우리 가족이 경제적으로 어려웠을지라도 행복했던 순간을 떠올려보세요. 그리고 "우리 집이 넉넉하지 않아도 부모님을 사랑하고 존경해요. 아버지, 어머니 감사합니다" 하고 따뜻하게 위로의 말씀을 드리세요. 부모님도 여러분과 같이 인정과 지지가 필요해요. 자녀로부터 이렇게 감사의 말을 듣는 부모님들은 보람을 느끼고 행복해하실 거예요. 부모님이 행복하고 당당하게 사는 것, 이 또한 여러분의 행복이 아닐까요?

내 인생은 내가 책임지기

부모님과 마음의 거리두기가 이루어졌다면, 독립된 인격체로서 자신을 들여다볼 때예요. 부모님께 착한 자녀가 되려고 노력하기보다는 자기 삶을 온전히 책임지는 사람이 되어보면 어떨까요? 내 마음이 원하는 것을 인정해주고 자기 자신이 만족하는 행동이 무엇인지 고민해보세요. 어머니의 과도한 요구, 자녀를 존중하지 않는 행동에 대해서도 "저도 이제 제 일은 알아서 할 나이가 되었으니 제 선택을 존중해주세요" 하고 말씀드리세요. 그리고 자신이 한 말에 책임을 지며, 자신감을 가지고 하루하루를 열심히 살아보세요. 사소한 노력들이 결국 더 단단한 나를 만들어줄 거예요.

"지금은 여러분 자신을
책임지는 것을 배워야 할 때입니다."

16장

귀찮은데 왜 친구를 사귀어야 하나요

싫고 불편한 마음 뒤편 보기

저는 소진이라고 합니다. 전 의욕이 넘치는 편이라고 해야 할까요? 뭐든 열심히 하던 아이였어요. 조별과제에도 열심이었고, 친구들과 노는 데도 진심이었죠. 덕분에 선생님들께 인정받고, 친구들도 저랑 같은 조가 되면 좋아했고요. 애들이랑 뭔가 같이하는 것이 신났거든요.

그런데 제가 열심히 해도 부모님은 제게 관심이 없어요. 왜 그런지는 모르겠지만 지금은 다 귀찮아요. 학원도 싫고, 학교도 싫어요. 얼마 전엔 아예 학원을 그만뒀는데 좋더라고요. 이제는 학교도 그만두고 싶어요. 부모님이 학교에 가야 한다고 저를 달래다가 얼마 전엔 저에게 도대체 뭐가 힘드냐고 물으셨어요.

저는 사는 게 재미가 없어요. 집이 가장 좋고 바깥에는 나가고 싶지 않아요. 친구가 없는 건 아니지만, 그 친구들과 가깝다고 말할 수 있는지는 모르겠어요. 걔네들이랑 단톡방에서 이야기를 주고받지만 내 기분을 솔직하게 말할 정도의 사이는 아닌 것 같아요. 잠을 자거나 이불 속에 있을 때가 가장 행복한데, 왜 굳이 재미도 없는 학교에 가야 하는지 모르겠어요.

마음의 신호에 응답하기

여러분도 한두 번쯤은 이런 때가 있지 않았나요? 모든 것에 지쳐서 다 포기하고 싶은 마음이 들고 인간관계가 부담스럽게 여겨지는 그런 때 말이에요. 가정에서 엄마, 아빠가 잘 해주고 학교에서도 잘 지내고 공부도 열심히 하고 친구 관계도 별로 어렵지 않아서 개인적으로 아무 문제가 없는 것 같은데, 학교 가는 것이 의미가 없다고 생각되는 때가 있어요. 여러분이 이런 마음이라면 어떻게 자신을 돌봐야 할까요?

먼저 마음이 보내는 신호에 귀를 기울여보세요. 나의 마음이 나에게 힘들다고 신호를 보내고 있는 것이니까요. 우리는 우리의 마음을 모를 때가 많아요. '무엇이 그렇게 힘들었니?' 하고 자신에게 다가가보세요. 그러면 나의 마음에 대해서 더 알게 될 거예요.
이 친구의 경우는 어떤 자기 모습을 알게 될까요?

싫고 귀찮은 마음 뒤에 숨은 생각 찾기

소진이의 고민을 들으면서 '나도 그러는데'라고 생각하는 친구들이 있을 거예요. 그럴 때 '싫고 귀찮다'는 이유로 멈추지 말고 마음을 가만히 들여다봐야 해요. 어떤 일들이 귀찮고 싫은지 서로 이야기를 나누다가 소진이도 자신의 귀찮음이 어디서 시작됐는지 찾을 수 있었어요.

소진이 부모님은 동생을 더 예뻐하셨다고 해요. 동생이 외모도 뛰어나고 공부도 잘했대요. 동생은 뭘 해도 반짝거렸다고 해요. 동생보다 더 나은 언니가 되려고 친구들과도 잘 지내고 공부도 열심히 했지만 동생만큼은 아니었던 거죠.

소진이는 부모님께 서운했지만, 자신이 더 잘하면 부모님도 동생에게 보내는 관심을 자신에게 나눠줄 거라 생각했어요. 이런 상황에 불만이 있었지만, 꾹 참고 부모님의 마음에 들려고 애썼죠. 애를 쓰지만 아무도 알아주지 않고, '잘했다, 고생했다' 같은 말도 듣지 못했다고 해요. 아무도 긍정적인 말을 해주지 않으니 소진이는 더 노력했죠. 사실 이런 상황에 대해 화가 났지만, 소진이는 그런 마음을 억압하고 지내왔어요. 학교에서도 자기 마음을 알려고 하지 않고 아무 문제 없는 것처럼 지내는 것이 일상화되었어요. 아무 문제도 없다는 말로 자신을 가리고 있었지만, 마음은 언제든지 신호를 보내기 마련이에요.

다른 사람은 몰라도 나만큼은 내 마음을 돌봐야지

그런 때는 자신의 마음에 따스하게 반응해주세요. 가슴에 두 손을 대고 토닥이며 말해보세요. '너 참 힘들었구나! 이제 네 마음을 알았으니 내가 도와줄게' 하고요. 자신의 마음을 알아준다는 것만으로도 마음이 편해지고 힘을 얻게 되지 않나요?

그다음으로는 학교에서 즐겁게 지낼 방법을 찾아봐야겠죠? 학교에서 즐거워지려면 인기가 아주 많거나, 공부를 아주 잘해서 모두에게 인정받거나, 외모가 뛰어나서 주목받거나, 어떤 특기가 있어서 남들 앞에서 멋있어 보이면 좋을 것 같잖아요. 하지만 무엇 하나 특별한 점이 없다고 생각하는 친구들은 학교에서의 존재감이 사라지는 것처럼 느낄 거예요. 이럴 때 필요한 것이 바로 친구들이에요. 있는 그대로 나를 받아주고 함께 즐겁게 웃을 수 있는 친구들이 있다면 학교에서 보내는 시간이 행복할 거예요.

그런데 소진이처럼 가족들 안에서도 마음을 주고받은 경험이 없는 친구들은 친구 관계에서도 기대하는 마음이 없어요. 마음을 열지 않고 친구 관계를 필요에 따라 서로를 이용하는 것으로 생각한다면 친구들에게서 진정한 지지를 받기는 어려워요. 소진이는 왜 학교에 가기 어려워졌을까요? 아무리 노력해도 무관심한 부모님도 소진이의 마음을 아프게 했을 거예요. 그리고 온종일 수업과 과제, 진학이라는 심리적 압력 그리고 아이들과 선생님들과의 관계, 이런 벅찬 학교생활에서 내 마음을 진정으로 나눌 수 있는 친구가 없으니 더욱 학교가 멀게 느껴졌겠죠.

요즈음은 소진이와 비슷한 고민을 하는 친구들이 많아요. 아이들과 특별히 문제나 갈등 없이 피상적으로 친구 관계를 유지하면서 지내요. 외롭다고 느끼는 적도 별로 없고요. 하지만 어느 순간 모든 것이 무의미해지고 학교 가기가 싫어져요. 자신을 지탱해 줄 심리적 자원이 없으니까 쉽게 지치고 모든 게 부담스러워요. 마치 방전된 배터리처럼요.

선생님, 그러면 제 방전된 마음은 어떻게 충전해야 할까요? 친구도 없고 좋아하는 것도 없어요. 뭘 해야 내 마음이 좋아질지 방법을 알려주세요.

내 마음에 따뜻함 충전하기

마음의 배터리는 어떻게 채울 수 있을까요?

먼저 휴식을 잘 취하는 것이 중요해요. 모든 생각을 내려놓고 쉬면서 잠을 충분히 자요. 핸드폰이나 TV를 보는 게 휴식 같지만 우리의 감각을 사용하는 행동이라서 완전한 휴식이 될 수는 없어요. 미디어 기기들도 다 끄고 쾌적한 환경에서 그냥 몸을 쉬는 것을 추천할게요.

그다음은 내 마음을 행복하게 채울 수 있는 것들을 찾아보세요. 음악을 듣거나 재미있는 웹툰을 보거나 즐거워지는 영상을 보는 것 등을요. 집에만 있지 않고 산책하거나 운동을 하면서 몸을 사용하는 것도 활력을 보충해줄 거예요.

마음의 배터리가 조금 충전되었다고 느껴지면 그동안 마음을 주고받지는 못했지만 가까운 친구들에게 연락해보세요. 카톡으로 안부를 나누어도 좋고, 만나서 즐겁게 지낼 수 있다면 더욱 좋아요. 학교에서도 친구들에게 먼저 말을 걸어보세요. 대화가 어렵다면 지루한 시간을 견디게 해줄 젤리나 초콜릿을 건네는 것도 좋은 방법이에요.

친구 사귀기가 어렵다고요? 친구를 사귀는 데는 많은 에너지가 필요해요. 때로 양보도 해야 하고 짜증도 참아야지요. 하지만 이것은 에너지의 낭비가 아니에요. 친구들과 마음을 나눌 수 있을 때 여러분의 에너지는 충만하게 되고 친구들이 주는 기쁨과 열정으로 여러분은 힘차게 살아갈 수 있으니까요.

여러분의 마음 배터리가 바닥이 나서 모든 일에 흥미가 없고 무기력해지고 다 포기하고 싶은 마음이 든다면 이제 여러분은 진정한 친구가 필요한 때라는 것을 기억하세요. 그런 친구를 찾아 마음의 문을 열어보세요.

"좋은 친구로
마음의 배터리를 충전하세요."

17장

그냥 장난친 건데 왜 이렇게 예민하죠

진정한 사과가 필요한 순간

저는 지호라고 해요. 저는 활발하고 에너지가 넘치는 편이에요. 그래서 남들이 보기에는 좀 과하게 보일 때도 있어요. 그런데 이건 제가 원래 그렇게 태어나서 그런 건 아니에요. 키도 크지 않고 몸도 왜소한 편이어서 친구들 사이에서 제가 드러나려면 좀 과장이 필요했어요. 하루는 가깝게 지내는 현진이에게 헤드락을 걸었어요. 초등학교 때도 자주 했던 장난이었어요. 매번 목을 조르고 놀았는데, 갑자기 선생님께 이른 거예요. 저는 항상 현진이가 웃으니까 좋아서 그러는 줄 알았어요. 선생님이 저를 불러서 그건 장난이 아니라 폭력이라고, 심지어 다시 한번 그러면 학폭위원회까지 가야 한다는 말도 들었어요.

이제까지 신나게 놀다가 선생님한테 이야기한 현진이한테 너무 서운했어요. 저한테 말하면 되잖아요. 앞으로는 이렇게 놀고 싶지 않다고요. 나는 우리가 친구라고 생각해서 장난친 건데, 걔는 날 친구로 여기지 않았나 봐요.

상대방이 보내는 신호를 살피기

친구를 즐겁게 하려고 생각 없이 행동했다가 엉뚱한 오해를 받거나 상대방의 마음을 힘들게 한 적은 없었나요? 나는 그저 친구와 친해지려고 한 것이었는데, 그 행동이 그만 지나쳐서 문제를 가져오게 되면 힘든 일이 벌어져요.

이 두 친구에게 부족한 것은 무엇이었을까요? 지호는 행동이 과장된 친구이고 현진이는 상대방의 반응에 대해서 민감하지 못한 친구인 것 같아요. 여러분도 이와 같은 친구들을 만난 적이 있나요? 상대방의 말을 따라서 하거나 상대방에게 짓궂은 장난을 쳐서 상대방이 화를 내면 그것을 더 재밌어하는 아이들이 있어요. 여러분이 그런 행동을 할 수도 있어요. 그러다 보면 의도치 않게 상대방을 괴롭힌 사람이 될 수 있어요. 그러므로 장난할 때도 상대방의 마음을 알아차리고 적절한 선에서 그만둬야 해요. 내가 즐겁고 괜찮다고 해서 다 허용되는 것은 아니에요.

그런데 지나친 장난이라는 것을 어떻게 알 수 있을까요? 이런 기준은 나에게 있는 것이 아니라 상대에게 있어요. 상대방의 반응을 잘 살펴보세요. 정말 즐거워하는지, 짜증 내는지, 아니면 불쾌함을 참고 있는지를요. 내가 한 행동이 싫으면, "그만해" 하고 말로 표현하는 친구도 있지만 얼굴 표정이나 몸짓으로 표현할 수도 있어요.

또 어떤 친구들은 조심스러워서 자신의 마음을 다 나타내지 못하고 어정쩡한 표정을 짓기도 해요. 웃는 것 같지만, 아닌 경우도 있고요. 그럴 때 상대방의 마음을 알아차리고 그만둬야 해요. 상대방은 처음에는 참을 수 있는 정도라고 생각했는데 계속되니까 자신이 무시당한 것 같은 마음이 들어서 화가 날 거예요.

친구를 잘 사귀려면 친구에게 다가가기도 잘해야 하지만 멈추기도 잘해야 해요. 상황과 관계없이 항상 다가가기만 한다면 상대방은 '들이댄다'라는 생각이 들어서 뒤로 물러날 수 있거든요. 이럴 때는 멈추고 상대방의 반응을 지켜보세요. 이것은 상대방의 눈치를 보라는 것이 아니라 상대방을 존중하는 마음으로 살핀다는 것이에요.

사과하면 다 받아줘야 해?

상대방을 짜증 나게 하고는 "장난이었다"라고 말하면 어떻겠어요? 도리어 기분이 더 나빠지지 않을까요? 이럴 때는 어떤 말을 하면 좋을까요? 일부러 그런 것이 아니라도 여러분의 말이나 행동이 상대방을 불편하게 했다면 즉시 하던 행동을 멈추고 사과해야 해요. "그냥 장난이었다"라고 말하는 것은 자기 행동을 무마하려는 것처럼 보여 좋은 태도가 아니에요.

그렇다면 진정한 사과는 어떻게 하면 될까요? '목 졸라서 미안해. 장난이었는데 내가 좀 심했네'라고 말하면 될까요?

사과란 '자기 잘못을 인정하고 용서를 비는 것'이라고 해요. 먼저 자기 잘못에 대해서 확실히 인식하고 분명하게 그 사실을 말하는 것이 사과의 내용이 되어야 해요. 남들이 사과하라고 해서 하거나 분위기상 그래야 할 것 같아서 하는 것은 진정한 사과가 아니에요. "네 목을 졸라서 아팠지? 미안해" 하는 식으로 말하면 될 것 같아요. 진심 어린 사과를 전할 때는 "하지만 장난이었어" 하고 말을 덧붙이는 것은 도움이 안 돼요. 자칫 사과의 말이 변명처럼 돼 오히려 역효과를 낼 수 있어요.

진정한 사과에는 자기 잘못에 대해서 책임지려는 마음도 필요해요. 만약 처벌이 있다면 피하려 하지 말고, 어떤 식으로라도 개인적으로 책임을 지는 모습을 보여주도록 하세요. 음료수나 떡볶이를 사주면서 자신의 미안한 마음을 표현하는 것도 진정한 사과를 완성하는 방법이 될 수도 있어요.

무엇보다 사과에는 시기가 중요해요. 자기 잘못을 깨달았다면 미루지 말고 즉시 용서를 구해야 해요. 시간이 늦어질수록 상대방의 마음은 더 상하겠죠? 이러면 사과하기 싫은데 떠밀려서 했다거나 이후에 책임을 물을까 봐 이것저것 따져보고 하는 것이라고 생각할 수 있어요.

누구나 실수할 수 있다고 해서 모든 행동이 허용되는 건 아니에요. 상대방이 내 행동으로 불쾌했다면 솔직하게 잘못을 인정하고 사과해야 해요. 그러면 친구와의 관계를 충분히 회복할 수 있을 거예요.

조별과제 하다가
폭발하지 않는 법

"친구에게 다가가기 위해서

때로는 멈추어야 해요."

친구와 더욱 단단한 관계를 만드는 훈련법

친구와 단단한 관계를 유지하려면 대화를 잘해야 한다는 것. 여러분도 잘 알죠? 서로의 생각과 기분을 솔직하게 털어놓을 수 있어야 좋은 친구라고 할 수 있어요. 그런데 자신의 생각과 감정을 친구에게 표현하기가 어렵지 않던가요? 자칫 자기 감정과 생각만 중요시하다 보면 친구에게 함부로 말하게 돼 친구의 기분을 상하게 하고 사이가 멀어지기도 해요.

어떨 때는 친구가 싫어할까 봐 말을 못하다가 친구가 자신의 마음을 알아주지 않는다고 불만이 쌓이게 되지요. 그러다 보면 자기 생각과 기분을 과격하게 표현할 수도 있어요. 결국 이런 행동은 친구와 멀어지게 만들기도 해요. 그래서 친구에게 어떻게 자신의 마음을 표현해야 하는지를 알아두는 것이 필요해요.

내 의견을 정확하게 말할 수 있는 용기 키우기

친구에게 자신의 의견을 말하지 못하고 항상 참아야 해서 친구 관계가 힘들다는 친구들이 있어요. 예를 들면 자신은 축구를 하고 싶었는데 친구가 탁구를 하자고 하면, 축구를 하고 싶다는 말은 꺼내지도 못하고 탁구를 한다고 해요. 그러면 친구와 함께 노는 것도 재미가 없고 속에서는 화가 나고요. 그래서 "축구를 하고 싶다고 말하지 그랬어요?"라고 하니까, 친구가 화를 낼까 봐 말을 못 했다고 해요.

여러분도 자신의 의견을 드러내지 못하고 친구의 의견에 맞춰가면서 겉으로는 사이좋게 지내는 것처럼 보이지만 속으로는 부글부글 끓어오른 적이 있을 거예요. 친구의 기분을 배려하는 것은 우정을 가꾸는 데 필요해요. 하지만 친구에게 자신의 의견을 말하지 않고 친구가 자신의 마음을 알아주지 않는다고 화를 내면, 친구도 당황스럽고 속상하지 않을까요? 이런 태도로는 친구와의 우정을 유지하기가 어려울 수 있어요.

친구와 의견이 다를 때는 무조건 맞추려고 하지 말고 자신의 의견을 솔직하게 이야기해보세요. 상대방이 알아주기를 기대하면서 막연하게 표현하기보다는 자신의 마음을 들여다보고 자신의 상황이나 원하는 것을 분명하게 말해야겠지요.

감정을 쏟아내기보다 메시지를 생각하기

자신의 감정이나 생각을 솔직하게 표현하려고 할 때, 자신이 하고 싶은 이야기를 아무렇게나 쏟아내지 않고 듣는 사람을 배려하면서 소통을 위한 말을 하는 것이 중요해요.

소통을 잘하는 사람은 서로의 다름을 인정하는 말을 해요. 친구의 존재 자체를 인정해주고 자신과 다름을 인정하는 것이에요. 예를 들면, 꽤 맛있는 식당이라고 생각해 친구를 데리고 갔는데, 친구가 너무 맛없다고 말하면 여러분의 기분은 어떨까요? 어떤 사람은 당황스럽고 화가 날 거예요. 또 어떤 사람은 미안해할 수도 있어요. 그런데 누구의 입맛이 맞는지 정답이 있는 것은 아니잖아요? 친구를 존중하고 자신을 존중하는 사람이라면 '나는 맛있는데 너는 별로구나, 우리 입맛이 다르네'라고 생각하고 마음을 상할 이유가 없겠지요. 그러면 감정적인 말로 갈등을 일으키기보다는 소통에 중심을 두는 이야기를 할 수 있을 거예요.

조별과제 하다가
폭발하지 않는 법

대화할 때 분위기 먼저 파악하기

소통을 잘하는 사람은 대화의 분위기를 맞추는 말을 할 줄 알아요.

여러 친구가 모여서 어떤 드라마에 관해서 이야기하고 있었어요. 하나같이 "재미있었다" "주인공이 멋있다" "엄마도 정말 좋아하신다" "다음 시간이 기다려진다" 하고 이야기하는데 한 친구가 "그 드라마는 별로야" 하고 말하면 다른 아이들이 어떻게 반응할까요? 당연히 싸늘한 분위기로 그 친구를 바라보게 될 거예요. 이 친구는 자신의 의견을 솔직하게 말했겠지만, 다른 친구들에게는 자신들을 무시하는 말처럼 들릴 수도 있어요.

그렇다면 자신의 의견과 다르더라도 친구들이 좋다고 하면 무조건 좋다고 해야 할까요? 그렇지는 않아요. 이 친구가 실수한 점은 친구들이 나누는 대화의 분위기를 깨뜨린 것이에요. 이야기할 때는 대화의 전반적인 분위기를 파악하고 그 흐름에 따라하는 것이 필요해요. 다른 친구들이 그 드라마에 대해서 좋은 분위기로 이야기를 한다면 이 친구도 비슷한 느낌이 이어지도록 말하는 것이죠. 거짓말을 하라는 것은 아니에요. 그 드라마가 어떤 점이 재미있었는지 물어보는 정도로 분위기를 맞추는 것이지요.

진짜 공감이 무엇인지 알아보기

다른 친구들과 의견이 일치하지 않는 경우에는 어떻게 해야할지 생각해볼까요? '나와 의견이 같지 않으니 아무 말도 하지 않고 그냥 있을까?' 아니면 '친구들과 좋은 관계를 유지하기 위해 거짓말을 하면서 친구 의견에 무조건 맞춰야 할까?' 하고 고민이 될 거예요. 이럴 때도 대화의 흐름을 끊지 않을 정도의 의견을 제시하는 것이 상대방을 존중하는 태도라고 할 수 있어요. 친구가 어떤 이야기를 하면 맞다, 그르다는 평가는 잠시 멈춰보면 어때요? 아마 친구도 어떤 의견을 물으면서 해답의 방향을 찾으려는 건 아닐지도 몰라요. 어쩌면 "나는 지금 너무 힘들어, 네가 나를 이해해줄 수 있을까?"처럼 자기 마음이 겪는 어려움을 같이 공유하려고 하는 말일 수도 있고요. 그러니 친구의 관점에서 기분이나 생각이 어떤지를 고민하면서 이야기하면 돼요. 그게 어렵다면 먼저 "내가 어떤 점을 도와주면 좋겠어?"라고 물어도 되고요.

소통을 잘하는 사람은 상대방의 마음을 헤아려주는 말을 할 줄 아는 사람이에요. 자신의 생각이나 감정을 앞세우는 것이 아니라 상대방의 마음을 그 사람인 것처럼 느끼고 나누는 것을 '공감'이라고 해요. 공감은 자신의 선입견이나 판단을 내려놓고 친구 말에 귀를 기울이며 친구의 마음이 되어 느끼고 생각하는 것이에요. 친구에게 조언이나 가르치려 하지 않고 친구의 무엇인가를 고쳐주려고 하지 않으며 "많이 힘들지?" "속상했겠다" "얼마나 답답했을까?" "너무 뿌듯했겠다" 하며 친구의 마음을 이해하고 나누는 것이에요. 누군가가 여러분의 마음을 이렇게 알아준다면 힘든 일이 있어도 힘이 나고, 그 사람에게서 따뜻함을 느끼며 더욱 가깝게 지내려고 하겠지요.

긍정적인 말이 지닌 힘을 기억하기

여러분 주변에서 일어나는 어떤 상황에서도 좋은 측면, 장점이나 긍정적인 면을 보고 그것을 긍정적인 언어로 표현하도록 해 보세요. 항상 불평하고 부정적인 말을 하는 사람과 대화하는 것을 즐거워할 사람은 없어요. 그런 사람과 이야기하다 보면 자신도 불안해지고 기분이 나빠질 수 있으니까요. 하지만 긍정적인 언어는 상대방의 감정과 태도를 좋은 방향으로 바꾸기 때문에 소통을 원활하게 해요.

자신의 마음을 솔직하게 이야기하면서도 친구를 배려할 줄 아는 사람이 좋은 친구를 얻게 된다는 것을 항상 기억하세요.

항상 환영받는 친구가 되려면
어떻게 해야 하죠

친구와의 갈등을 풀기 위해서는 먼저 내 마음을 이해하는 게 중요해요. 화나거나 서운할 때, 가끔은 아무도 내 편이 되어주지 않는 것 같아 외로울 때, 우리는 이런 감정들을 무시해버리는 일이 많아요. 그런데 누구보다 깊게 나를 이해해주는 것들은 사실 감정이랍니다. 이번에는 우리가 만나는 감정을 어떻게 다루면 좋을지, 같이 시작해볼까요?

18장

나랑 맞지 않는 친구를 어떻게 알아내죠

편견 뒤에 숨은 문 열기

태영

저는 다른 친구들과 좀 달라요. 보통 아이들이 좋아하는 아이돌이나 연예인에는 관심이 전혀 없어요. 게임도 좋아하지 않아요. 또 운동도 별로예요. 아이들과 공통의 화제가 없다 보니 아는 것도 없어서 끼어들 수도 없어요. 한때 또래를 사귀는 데 공통의 관심사가 필요하다고 해서 아이돌이나 게임에 관심을 가져보려고 노력한 적도 있었어요. 하지만 '왜 그렇게까지 해야 하나?' 싶어서 그만두었어요.

내가 좋아하는 것에 아이들은 무관심한데 왜 저만 노력해야 해요? 이제는 저를 이상하게 보는 것 같아서 아이들과 이야기를 안 해요. 학교에서는 거의 말을 하지 않고 지내요.

조별과제 하다가
폭발하지 않는 법

유진

저는 말 때문에 아이들과 틀어졌어요. 어려서부터 부모님이 욕하면 안 된다고 유난히 강조하셔서 그런지, 저는 욕이나 나쁜 말을 안 해요. 친구들이 욕하는 것도 싫고요.

그래서 남을 헐뜯고 욕하는 아이에게 "같은 반 친구에게 왜 욕을 하고 그래?"라고 말했더니, 그때부터 "착한 척한다, 재수 없다" 하면서 아이들이 비웃고 놀아주지 않아요. 먹을 것도 사주면서 사과했지만 그때뿐, 여전히 친구가 없어요.

채영

저는 반에 친한 아이가 없어요. 점심에도 혼자 먹고, 말 걸어주는 아이가 없어서 학교에 가기 싫어요. 아이들은 화장도 안 하고 외모에 신경을 쓰지 않는다고 제가 이상하대요. 이 사실을 안 어머니가 화장품을 사주시며 한번 해보라고 말씀하셨지만, 그러기는 싫어요. 화장을 꼭 해야 하나요? 화장을 안 한다고 저를 이상하게 보는 친구들이야말로 너무하지 않나요?

'다른 것'은 '틀린 것'일까

다른 친구들과 같은 관심사를 공유하지도 않고, 친구들끼리 오가는 말에 예민하고, 나만의 길을 가겠다며 또래들만의 문화에 잘 어울리려 하지 않는 아이들을 보면 어떤가요? 혼자만의 길을 당당하게 가는 것 같아 부럽기도 하지만, 친구와 어울리기 위해 싫어하는 것도 꾹 참는 아이들에겐 얄밉게 보일 수도 있어요. 그 마음의 정도가 지나치면 마음이 불편해지고 거부감이 생길수도 있지요. '이상한 아이'라고 모른 체할 수 있고, 심지어 적대감을 가지고 미움을 갖기도 해요. 그 아이들이 여러분에게 잘못한 것도 없는데 왜 이렇게 부정적인 마음과 태도로 대하게 되는 걸까요?

아직 자신만의 가치관이 형성되지 못한 청소년들은 관계 속에서 느끼는 불안감을 자신이 속한 집단의 가치를 따르고 그 안에 소속되어 줄이려고 해요. 그래서 친구들이 자신을 어떻게 보는지에 관해 관심을 두고, 이상하게 보일까 봐 또래들과 비슷한 옷을 입고 튀지 않으려 해요. 또 좋지 않다는 걸 알면서도 다른 아이들의 행동을 따라 하죠. 동질성 유지라는 관점에서 보면 또래문화에 따르지 않는 아이들을 불편한 존재로 여기고 배척하는 것은 당연할지도 몰라요.

다름을 인정하기

여러분도 편견에 사로잡혀서, 자신과 다른 아이들을 배척하고 있지는 않은가요? 그 아이의 겉모습 말고, 어떤 것을 좋아하며 꿈은 무엇인지, 그 아이의 장점에 대해 생각해본 적 있나요? 또래 집단의 기준만 중시하다 보면 나와 다른 아이의 마음을 이해하고 그들과 새로운 관계를 맺기가 어려울 거예요.

사람마다 각자의 개성이 있고 좋아하는 것이나 추구하는 가치가 달라요. 여러분도 다른 친구들과 100퍼센트 같을 수 없고, 자기만의 생각이 있잖아요. 다른 아이들도 자신만의 독특함이 있다는 것을 인정해주세요. 그러면 나와 다른 친구들을 이상한 아이로 단정 짓고 배척하는 것이 얼마나 자기중심적인 생각인지 알게 될 거예요. 또한 이렇게 편견에 갇히면 관계의 폭이 좁아지고, 다양한 친구를 만남으로써 얻을 수 있는 발전의 가능성도 줄어들게 돼요.

나와 다른 아이들에게도 한번 마음의 문을 열고 다가가보세요. 사람은 저마다 독특한 특성이 있어요. 그리고 우리는 다양함 속에서 서로 발전한다는 것을 꼭 기억하세요.

이번 기회에 여러분도 또래들의 요구에 무작정 따르기보다는 자신의 가치관을 확립하고 솔직하게 생활하도록 노력해보세요.

"다른 사람들의 다름을 인정할 때,
나도 나만의 특별함을 인정받을 수 있어요."

19장

친구의 마음을 얻는 특별한 기술이 있나요

모든 것은 공감에서부터

저는 미소라고 해요. 전 제가 다정한 사람이라고 생각해왔어요. 그런데 얼마 전 친구들이 말하는 걸 들었는데, 제가 냉정하고 이기적이래요. 나름대로 친구들의 마음을 이해하려고 하고 도와주려고 노력했는데, 제 마음을 몰라주니 너무 당황스러워요.

아마 제가 직설적으로 말해서 친구들이 그렇게 느끼는 것 같아요. 친구가 "새로 산 이 옷 어때?" 하고 물어보는 경우가 있잖아요? 잘 어울리면 괜찮은데, 그 옷이 너무 이상할 땐 대답하기가 곤란해요. 돌려서 말해야 하는데 저는 그런 걸 잘 못 하겠어요. 거짓말을 하는 건 나쁜 행동이니까요. 친구가 내 말을 듣고 기분이 상할 것 같아도 정직해야 한다고 생각해서 "그 옷은 너랑 안 어울리는 것 같아" 하고 말해요. 그런 말을 들으면 친구는 속이 상하고, 제가 자기를 배려하지 않는다고 생각할지도 몰라요. 하지만 빙빙 돌려서 거짓말하기보다 안 어울린다는 것을 말해주는 게 더 도움이 된다고 생각해요. 저는 객관적이고 합리적인 사람이 좋은 친구라고 생각하는데, 친구들은 그게 아닌가 봐요.

솔직함이 중요할까? 거짓말이 나쁜 걸까?

모두들 미소와 같은 고민을 해본 적이 있을 거예요. 내 마음은 그렇지 않은데 말이나 행동으로 인해 상대방에게 상처 준 거죠. 알고 보면 나는 다정한 사람인데 까칠하다는 소리를 들으면 당황스럽고, 친구들이 내 마음을 몰라줘서 속상할 거예요.

이처럼 상대방의 마음을 얻는 데에 어려움이 있는 친구들이 돌아봐야 할 것은 무엇일까요? 미소는 직설적으로 말하는 게 문제라고 생각하지만 친구들은 자기의 기준에 따라 평가하는 미소의 태도를 문제 삼는 듯해요. 옷이 어울리는지 안 어울리는지는 옳고 그름의 문제는 아니잖아요. 개인적인 취향에 따라 달라지는데, 자신의 기준이 정답인 것처럼 이야기하면 그 말을 듣는 입장에서는 서운함을 느낄 수 있어요. 미소에게는 옷 고르기뿐 아니라 사람마다 중요하게 여기는 부분이 다르다는 것을 인정하고, 서로의 취향과 선택을 존중하는 마음이 필요해요. 그러기 위해서는 친구의 선택을 함부로 평가하지 않고, 친구가 선택한 것을 좋게 볼 수 있는 여유와 너그러움을 가져야 해요. '친구는 나랑 다른 스타일의 옷을 좋아하는구나' 하고 생각을 바꾸면 "너와 잘 어울려" 하고 솔직하게 말할 수 있을 거예요.

친구 입장에서 생각해보기

미소는 자신의 마음을 표현하는 기술이 부족한 것 같아요. 자신이 느낀 점을 솔직히 이야기하는 것이 친구에게 도움이 된다고 생각할 수도 있죠. 하지만 친구의 감정이나 생각을 배려해서 말하는 것이 필요해요. 그냥 떠오르는 대로 생각 없이 말하다 보면 의도치 않게 친구의 마음에 상처를 줄 수도 있으니까요.

그렇다면 이런 경우에는 어떻게 말하면 좋을까요? 새 옷을 산 친구가 "이 옷 어때?"라고 말하면, 친구가 어떤 마음으로 이야기하는지 먼저 생각해보세요. 그때 친구는 자신이 고른 옷에 대해서 "잘 어울린다"라고 말해주길 바라면서, 자신의 결정이 괜찮은지 확인하고, 상대방에게 인정도 받으려는 마음이었을 거예요. 그래서 "어울리지 않는다"라는 말을 들으면, 기분이 나빠지고 상대방에게 서운한 마음도 들겠지요.

이렇게 상대방의 입장이 되어 그 사람의 감정을 느끼는 것이 '공감'이에요. 여러분도 누군가가 내 마음을 알아주면 마음이 따뜻해지고, 내 편이 있다는 생각에 마음이 든든해진 적이 있지 않나요? 이처럼 공감은 서로의 마음을 이어주고 지지해주는 효과가 있어서 친구들을 사귀는 데 꼭 필요한 태도예요. 하지만 자기만 생각하고 자신만의 만족을 위해 행동하는 것은 모두의 본능이어서 다른 사람의 입장에 선다는 것이 쉽지는 않아요.

상대방의 마음을 이해하는 특별한 방법

먼저 상대방의 입장에서 이해하려면 자신의 마음을 비우고 경청하는 것이 필요해요. 자기의 생각과 기준이 옳다고 생각하면 친구의 입장이 되기가 어려우니까요. 그러므로 친구와 내가 다를 수 있다고 생각하면서, 자기 생각이나 기준을 잠시 접어두고 친구의 말에 귀를 기울이는 거예요. 이때는 그 말을 꺼내기 전에 친구가 가졌을 마음, 말하려고 하는 의미가 어떤 것인지 정확히 파악하려고 노력해야 해요. 혼자 판단하기보다 친구의 말을 내가 잘 이해하고 있는지 질문한다면, 친구는 여러분이 자신에게 관심을 가져주고 공감해준다고 느낄 거예요.

또한 이기적인 마음을 내려놓고 친구의 행복을 위하는 마음을 가져보세요. 그렇다면 옷에 대한 여러분의 판단은 그 대화에서 그리 중요하지 않게 여겨질 거예요. 오히려 친구가 새 옷을 사서 행복한 마음을 공유하고 싶어지겠지요? 이처럼 공감은 상대방의 마음을 이해하고 함께 느끼는 것만이 아니라 상대방에게 도움을 주는 말이나 행동까지 이어져야 해요.

공감이란 마치 자기 마음이나 생각을 버리고 오로지 상대방의 입장만 고려하는, 흔히 말하는 '감정 노동'과 비슷하다고 생각했을지도 몰라요. 잘 모르고 이해되지 않는 것을 수용하려고 애쓰는 것은 공감이라고 할 수 없어요. 공감은 상대와 같은 감정을 느끼지 않더라도 자신의 생각과 판단을 내려놓고, 그가 느끼는 것을 인정해주는 태도예요. 또 이해가 안 되더라도 '왜 저래?' 하기보다 '그 행동에는 자기만의 이유가 있을 거야'라고 생각하고 그 사람의 마음에 관심을 가져주는 것이에요.

공감 연습, 같이해봐요

공감을 잘하기 위해 다음과 같이 노력해보세요.

다른 사람의 마음을 이해하려면 내가 여유로워야 해요. 긴장을 풀고 마음을 편안하게 만드는 자기만의 방법을 찾아보세요. 심호흡하며 몸의 긴장을 풀기, 산책하며 자연과 하나 되기, 음악을 들으며 위로받기 등의 방법이 있어요.

그리고 공감을 표현하려면 꾸준한 연습이 필요해요. 어떤 사람을 떠올리며 그 사람에게 공감하는 말을 하는 게 실제적으로 도움이 돼요.

'(A)해서 (B)하구나'라는 표현을 사용해보세요. (A)에는 근거를, (B)에는 말하는 사람이 가졌을 느낌을 이야기하는 거죠. 예를 들면 친구가 "시험이 얼마 안 남았는데 집중이 안 돼" 하고 말하면, "이렇게 중요한 때에 집중이 안 돼서(A) 걱정되겠구나(B)" 하며 마음을 이해하고 감정도 파악해서 말해주는 거죠. 그러면 친구는 여러분에게 따뜻함을 느끼고 여러분을 더욱 좋아하게 될 거예요.

공감은 상대방의 마음을 얻는 중요한 방법이에요. 한번에 잘할 수는 없어요. 자주 연습하면서 곧 좋은 사람들이 여러분 주위

조별과제 하다가
폭발하지 않는 법

에 많아지는 모습을 상상해보세요. 당장 곁에 있는 친구에게 이
방법을 사용해보고 싶지 않나요?

"내 기준을 내세우기보다

친구의 감정과 생각에 귀를 기울여주세요."

20장

힘든 친구는 어떻게 위로해야 할까요

그냥 곁에 있어주기

저는 지석이라고 합니다. 제게는 말도 잘 통하고 취미도 비슷해 매일 카톡을 주고받을 만큼 친한 C라는 친구가 있어요. 그 친구가 어느 날부터 카톡도 없고, 제가 먼저 연락해도 답이 없더라고요. 무슨 일이 있는지 궁금했지만, 캐묻는 것처럼 느껴질까 봐 가만히 있었어요. 얼마 전에 다른 친구들에게 C가 크게 아프다는 이야기를 들었어요. 그 말을 듣고 나서 친구한테 뭔가 위로가 되는 말을 해주고 싶었는데, 어떻게 말해야 할지 모르겠더라고요.

사실 우리 반에 이성 친구랑 헤어지거나 성적이 떨어졌거나 부모님의 사이가 안 좋아서 고민하는 친구들이 많거든요. 얘네들한테도 도움이 되는 말을 해주고 싶어요. 그런데 위로하는 법을 모르겠어요. "야! 힘들지?"라고 말하면 될까요?

위로가 안 되는 위로

성경에는 욥의 이야기가 나와요. 욥은 엄청난 재산을 소유한 사람이었는데, 흠이 없이 완전하고 정직하며 하느님을 잘 믿는 사람이어서 하느님은 욥을 자랑스러워했어요. 그런데 어느 날 욥은 한꺼번에 재물과 자녀, 건강을 잃게 되었고, 함께 위로를 나눠야 할 아내까지도 그를 저주하죠.

그런 욥을 위로하려고 친구들이 찾아와서 그의 처참한 상황에 함께 울어주었어요. 욥의 신세 한탄을 들은 친구들은 '네가 고통받는 것은 하느님께 죄를 지었기 때문이니 잘못을 인정하고 용서를 구하라'라고 충고해요. 그들은 욥의 고난이 속히 끝나기를 바라서 조급한 마음에 이런 말을 했을 거예요. 하지만 이 말에 욥은 더 절망했죠.

친구들의 말에 왜 욥은 위로받지 못했을까요? 위로는커녕 자신을 비난하는 말로 들렸기 때문이에요. 이처럼 친구와 아픔을 나누어야 하는 상황에서 어려움의 원인을 고통당하는 친구에게 돌리는 경우가 있어요. 이처럼 친구를 이해하지 않고 함부로 충고하는 말은 힘든 친구를 더 어렵게 할 뿐이에요.

마음에 없는 위로는 티가 나요

때로는 힘들어하는 친구에게 섣부른 위로를 건넬 수도 있어요. 친구의 감정을 살피기보다 "시간이 지나면 괜찮아질 거야" "긍정적으로 생각해" "힘내, 금방 좋아질 거야"라고 말하게 돼요. 이런 말들이 힘들어하는 친구에게 얼마나 위로가 될까요? 상대방의 마음은 알겠지만, 충분히 이해받는다는 느낌은 받지 못할 거예요. 왜 그럴까요? 이런 말들은 자신의 고통을 별것 아닌 듯 취급하며 현재의 아픔을 축소하려는 것처럼 들리기 때문이에요.

이와 마찬가지로 친구에게 무엇인가 다른 일에 열중해 현실의 고통에서 벗어나라고 권유하는 것도 고통스러운 마음을 함께 짊어지는 것이 아니기 때문에 고통당하는 친구에게 위로와 도움이 되지 못해요. 여러분도 마음이 괴로울 때 다른 걸 해보라는 말을 들으면 어때요? 친구가 나를 이해해주지 않는 것 같아 속상하잖아요.

또는 "나도 그랬어" 하면서 자신이 겪었던 고통을 이야기함으로써 위로하려고 할 때도 있어요. 이런 태도도 때에 따라서는 말하는 사람에게 초점을 두는 것처럼 들릴 수 있어서 고통 중에 있는 친구는 자신의 고통을 공감받지 못했다고 느낄 수 있어요.

진정한 위로는 기다려주기

힘들어하는 친구를 진정으로 위로하는 방법은 무엇일까요?

우선 친구가 겪는 문제를 충분히 아파할 수 있도록 함께하는 거예요. 친구의 손을 잡아주고 아무 말 없이 안아주면서 지금은 아파해도 괜찮다고 느끼게 해주고, 그에게 일어난 일에 대해 자연스럽게 말할 때까지 기다려주는 것이에요.

그다음은 친구의 마음이 어쩐지 물어보고 충분히 들어주세요. 친구의 생각을 들어보고 그의 느낌을 함께 나눌 자세로 친구의 고통에 공감하는 것이에요. '네가 얼마나 힘든지 이해해' 하는 마음으로요. 이때 친구의 고통스러운 느낌을 당장 바꾸려고 하지 않는 것이 중요해요. 친구 이야기를 존중하는 마음으로 들어주어서 친구가 자신의 마음을 충분히 표현하게 해주세요.

그런데 친구가 힘든 이야기를 할 때 그대로 듣기만 한다는 것은 쉬운 일이 아니에요. 뭔가 도움이 되는 말을 해주거나 자기 경험을 이야기하면서 위로하고 싶은 마음이 들기도 해요. 그러나 여러분이 제시하고 싶은 문제 해결 방법이 있더라도 먼저 힘겨워하는 친구의 이야기로 채우세요. 그러면 친구는 여러분이 자기 말을 진지하게 들어준다는 느낌을 받으면서 내 편이 있다는 사실에 마음이 든든해질 거예요.

내가 뭐 도울 일은 없을까

친구를 위로하려는 마음을 행동으로 전해보세요. 친구로서 뭐 도울 일이 없는지 물어보면 친구는 감동받을 거예요. 당장 할 수 있는 일이 없더라도 곁에서 차분히 친구의 곁에 있으면 이미 그것만으로도 친구는 위로받을 수 있죠. 이런 마음으로 바라보면 여러분의 마음을 전할 방법이 보일 거예요.

타인에게 진정한 위로를 전하려면 여러분의 마음에 여유가 있어야 해요. 여러분이 불안하거나 스트레스가 많다면 친구의 고통에 쉽게 공감하기 어려워져요. 그러므로 일상생활 속에서 어떤 일을 만나더라도 스스로 회복하고 여유로움을 갖도록 '마음 다스리는 법'을 익혀두면 좋아요. 규칙적인 운동과 건강한 음식 섭취, 충분한 수면은 마음을 튼튼하게 하는 데 중요해요. 자신의 마음을 글로 표현하거나 음악을 감상하는 것도 여유를 찾는 방법이 될 수 있어요.

우리는 진실을 전하는 일이 어렵고 복잡하다고 생각하곤 해요. 하지만 여러분이 말없이 친구와 함께 있어주기만 해도 여러분의 진심이 친구에게 그대로 전해질 거예요.

"서두르지 말고
친구의 곁에 가만히 머물러주세요."

21장

기대되고 즐거운 게 없는데 괜찮나요

감정은 누르지 말고 풀어주자

얼마 전 은우는 학교 복도에서 친구들과 놀다가 갑자기 끼어든 남자아이에게 주먹질을 당했다고 해요. 장난 중에 오해로 생긴 일이지만 '얼마나 충격이 컸을까?' 걱정하지 않을 수 없었죠.

막상 만나보니 은우는 밝은 얼굴에 쾌활한 말투였어요. 은우와 힘들었던 일에 관해서 이야기를 나누는데, 괜찮다면서 '그 아이를 보면 마음이 좀 안 좋지만, 교실이 달라 마주칠 일도 없으니 별로 어려운 점도 없다'라고 했어요. 감정을 표현해보라고 하면, '즐겁다' '기대된다' '재미있다' 등 긍정적인 감정 카드만 골라요. 어릴 때 부모님이 늦게까지 일해서 혼자 집에 있었을 때도 "TV 보면서 재미있게 지냈다"라고 하는 거예요.

은우가 부정적인 마음은 느끼지 않고 밝은 모습만 보이려는 친구라고 생각했는데, 심리검사 결과 '억압'과 '방어적 태도'가 높게 나왔어요. 은우는 밝은 태도와 명랑함으로 자신의 심리적 어려움을 피한 것이라고 볼 수 있어요.

우리들은 모두 가면을 쓴다

은우의 허락을 받고서 심리검사 결과를 어머니와 공유했어요. 은우가 마음을 있는 그대로 표현하지 않고 항상 밝은 모습으로 보이려고 해서 심리적 어려움이 있을 수 있다고 말씀드렸어요. 그랬더니 은우의 어머니도 "저도 은우처럼 제 마음을 다 표현하지 않고 항상 밝게 보이려고 해요. 아마 어릴 때부터 엄마 없이 무서운 아빠와 남자 형제들과 살다 보니까, 내 감정은 안 나타내고 밝게만 보이려고 했던 것 같아요. 그렇게 지내는 것이 너무 힘들고 우울증까지 생겼는데 은우도 그렇네요"라며 애써 밝은 표정을 지으며 말씀하셨어요.

이 세상에서 슬픔, 불안, 외로움, 절망 같은 부정적인 감정을 좋아하는 사람은 아무도 없을 거예요. 그래서 사람들은 이런 감정들을 느끼지 않으려 하고 '별거 아니야, 난 아무렇지도 않아' 하면서 괜찮은 척하기도 해요. 그러다 보면 피하고 싶은 감정들을 억누르다가 점차 느끼지 못하게 돼요. 은우와 그의 어머니처럼요. 이들은 견딜 수 없는 고통을 다시는 느끼지 않으려고 자신도 모르게 피하게 돼요. 그래서 밝은 모습을 항상 유지하기로 작정하고, 슬픔이나 분노 같은 감정들을 느끼지도, 표현하지도 못하는 사람이 되어버리는 것이죠. 이런 사람들은 부정적 감정과 함께 행복 같은 긍정적 감정도 억제하게 돼요. 그래서 냉랭해지고 삶의 활력까지 잃게 되지요.

우리 삶에 필요한 감정은 누르는 게 아니지

부모님과의 갈등이나 친구 문제, 암담한 미래 등 자신이 감당할 수 없는 상황에서 부정적인 감정들이 마음을 괴롭힐 때 여러분은 어떻게 자신을 달래나요? 그때 느껴지는 감정들을 피하려고 애쓰지 않았나요? TV 시청이나 SNS, 게임 등 딴 데에 관심을 돌려 잊으려고 했을 거예요. 힘든 감정을 느끼지 않기 위해 머리로만 이해하려 하고, 마음을 닫아버렸을 수도 있어요. 또는 무조건 긍정적으로 생각하면서 그 고통을 극복하려고 했을 거예요.

힘든 감정을 회피하려는 방법들이 도움이 되었나요? 그 순간은 괜찮았을 수도 있어요. 그러나 이런 방법들은 고통스러운 느낌으로부터 도망치는 것과 같아서 근본적인 해결책이 되지는 않아요. 오히려 해결되지 않은 부정적인 감정들이 마음에 갈등을 일으키고 극심한 에너지 소모로 인한 더 큰 심리적 어려움을 가져올 수 있어요.

그렇다면 왜 이것을 회피하면 안 될까요?

감정이란 '외부에서 일어나는 일에 대해서 느끼는 마음'이에요. 이것은 때로 불편감을 주기도 하지만 우리의 생존에 꼭 필요해요. 감정은 우리에게 중요한 정보를 알려주어 환경에 적응하는 데 필요한 행동을 하도록 하기 때문이에요. 예를 들면, 원시시대 우리 조상들은 언제 어디서 올지 모르는 공격에 긴장하고 두려움을 느꼈어요. 두려움을 느끼지 않았다면 아무런 대비를 하지 않았을 터이고, 그랬다면 생존도 불가능했겠죠. 긴장과 두려움이라는 감정이 있었기에 공격에 대비했고 살아남을 수 있었던 거지요. 여러분도 시험 때가 되면 마음이 불안해져서 놀고 싶은 마음을 억제하고 공부하게 되잖아요?

이처럼 감성의 신호에 귀를 기울이지 않았다면 인류의 생존과 발전은 어려웠을 거예요. 그러므로 비록 불쾌한 감정이라 할지라도 그것은 우리를 일깨워주려는 마음의 신호예요. 그 신호에 귀를 기울여야 해요.

친구보다 더 가까운 나의 감정을 받아들이자

힘든 상황에서 마주치는 부정적인 감정들은 어떻게 해야 할까요?

먼저, 이런 감정은 고통스러운 상황에서 우리 자신을 지키는 안전장치라고 생각해주세요. 두려운 감정은 위험을 피하게 하고, 슬픈 감정은 이별을 견디게 해줘요. 그러므로 감정들을 있는 그대로 느끼고 받아들여보세요. '아, 지금 내가 슬퍼하는구나' 하고요. 그러면 그 어려움을 감당할 수 있는 마음을 갖게 되고 그것을 이겨낼 수 있다는 마음이 들 거예요.

그리고 어떤 감정이 들었을 때 그 느낌의 정체가 무엇인지 자신에게 물어보세요. 지금 이 느낌이 슬픔인지, 불안인지, 분노인지, 수치심인지, 두려움인지 자신에게 물어보고 정체를 파악하는 거예요. 감정이란 알람과 같아서 우리가 그것을 알아주고 표현하면 끝이 나지만, 모르는 척하면 계속 남아서 우리에게 영향력을 발휘한다고 해요. 하지만 우리는 감정을 드러내는 것보다 억제하는 데에 익숙하기 때문에 감정을 드러내는 것이 쉽지 않아요. 감정을 표현하려고 해도 그저 '좋다' '나쁘다'라고 단순하게 표현하는 경우가 많을 거예요. 자신의 감정을 알아차리고 잘 표현하기 위해서는 감정을 표현하는 말에 익숙해지는 것이 필요해요.

내가 느끼는 감정의 정체를 알아보자

중요한 감정 표현으로는 다음과 같은 것들이 있어요.

행복한 느낌: 사랑스러운, 고마운, 친근한, 명랑한, 쾌활한, 만족스러운, 반가운, 감사하는, 기쁜

흥미로운 느낌: 기대되는, 관심이 가는, 재미있는, 흥분되는, 열중한

슬픈 느낌: 우울한, 절망스러운, 실망스러운, 미안한, 불행한, 슬픈

분노의 느낌: 짜증 나는, 불쾌한, 불만족스러운, 노한, 화난, 시샘하는

싫은 느낌: 무례한, 거부감 드는, 역겨운, 싫어하는, 미운

두려운 느낌: 불안한, 겁나는, 걱정스러운, 혼란스러운, 무서운, 소심

이렇게 감정을 알아차렸으면 한 걸음 더 나아가 왜 그런 마음이 드는지 자신에게 물어보세요. '내가 불안해하는구나. 왜 불안하지?' 하고요. 자기가 느끼는 감정이 자신에게 보내는 신호가 무엇인지 알려고 하는 것이죠. '내가 원하지만 얻지 못한 것이 있지 않을까?' '내가 앞으로 해야 할 일은 뭘까?' '내가 미처 알지 못하는 나의 욕구는 뭐지?' 하고 자신에게 질문을 던지다 보면 왜 그런 감정이 드는지 차츰 알게 될 거예요.

피하고 싶은 감정에 휩싸여서 마음이 불편할 때는 자신의 감정을 누군가에게 털어놓는 것도 도움이 될 수 있어요. 부모님이나 친구, 또는 상담자 같은 믿을 만한 사람에게 자신을 힘들게 하는 감정에 관해 이야기하는 것이 도움이 되지만 이런 사람을 늘 곁에 두기란 쉽지 않아요. 또 부모님께 말 못 할 부분도 있고, 바쁜 친구에게 내 마음을 이야기하는 것이 부담될 수도 있잖아요? 그럴 때는 감정일기를 써서 내 마음을 털어놓아보세요.

감정일기는 하루 동안 느꼈던 감정이나 현재 자신을 불편하게 하는 감성을 적어보는 것이에요. 감정일기를 쓰는 한 가지 방법은 그저 펜 가는 대로, 손가락 가는 대로 노트나 휴대폰에 적는 것이에요. 맞춤법이나 문법 같은 것에 신경 쓰지 않고 '아무 말 대잔치'처럼 오롯이 자기 마음에 집중해서 쓰는 것이지요.

다음과 같은 표를 사용하여 자신의 감정을 정리하면서 표현할 수도 있어요. 이렇게 하면 자신이 어떤 감정을 어떤 상황에서 잘 느끼고 그럴 때 자신이 원하는 것은 무엇인지를 객관적으로 바라보고 감정을 조절하는 데 도움을 받을 수 있어요.

날짜	상황	느낀 감정	감정의 강도 (1-10)	내가 원하는 것
10/13	친구와 다툼	내 말을 오해해서 화가 났다.	7	친구가 내 말을 끝까지 들어주면 좋겠다.

부정적 느낌이 여러분의 마음을 괴롭힐 때 이거 하나는 꼭 알아두세요. 인생에는 고통과 행복이 공존해요. 항상 고통만 겪는 것도 아니고, 행복만 느낄 수도 없어요. 모든 감정은 저마다 우리에게 메세지를 전하고 있으니 그걸 잘 느껴야 해요. 그러니 부정적 감정이 느껴지면 그 안에서 내가 원하는 게 무엇인지 생각해봐야 해요. 이제 부정적인 감정을 모른 척하지 말자고요. 가만히 귀를 기울이며 내 마음속 이야기를 들어주세요.

"알람처럼 그때그때

일어나는 감정을 만져주세요."

22장

너무 화나서 견디기 힘들어요

분노 조련술을 배워보자

저는 윤길이라고 합니다. 선생님도 혹시 화를 내시나요? 지난번 도덕 시간에 각자 찬반을 선택해서 조별로 토론하기로 했어요. 그전에 선생님께서 미리 주제를 알려주고 자료 조사를 마치라고 하셨어요. 다들 각자 맡은 부분을 조사하고 저희만의 논리를 만들기로 했어요. 안 그런데 지난번부터 계속 뒤로 미루면서 조사를 안 한 친구가 있어서 신경이 쓰였어요. 오늘 아침에 마지막으로 확인하는데, 그 친구가 자료 한 장 들지 않고 그냥 하면 된다며 넘어가더라고요. 너무 화가 나서 "야! 너 뭐야" 하면서 소리 질렀어요.

문제는 그다음이에요. 분명 잘못한 건 다른 친구인데 같은 조 애들이 "그렇게 화낼 일은 아니지, 너무한다"라는 거예요. 저도 화내고 나니 기분이 좋지 않았는데, 다른 애들까지 그 친구 편을 들며 저에게 뭐라고 하니까 너무 억울하더라고요.

화는 원래 우리를 보호해준대

길을 걸어가는데 누가 나를 갑자기 공격했어요. 이런 상황에 처하면 왜 이러냐고 화를 내겠죠? 만약 공격받았는데도 화를 내지 않는다면 어떻게 될까요? 우리는 스스로를 지키지 못할 거예요. 이렇듯 화는 나를 보호해주는 유익한 감정이에요. 하지만 일상에서 경험하는 분노는 나의 몸과 마음을 해치고 인간관계를 깨뜨릴 때가 많아요. 그러므로 이런 상황에서 '화가 나는' 것은 어쩔 수 없지만, '화를 낼지'는 신중하게 결정해야 해요.

여러분은 분노했을 때 어떻게 반응했나요? 즉각적으로 화를 폭발시키면서 상대에게 상처를 주는 말이나 행동을 했나요? 아니면 꾹 참으면서 아무렇지도 않은 척했나요? 또는 분노를 숨겼지만 은근히 보복하려고 하지는 않았나요? 아니면 화는 났지만 상대가 기분 나쁘지 않게 자신이 하고 싶은 말을 전달했나요? 분노를 강하게 표출하는 것과 너무 억제하는 것, 수동적으로 공격하는 것은 자신과 상대방에게 상처를 주죠. 그러므로 분노를 잘 다루면서 자신의 마음을 표현하는 것이 중요해요.

마음을 쿨다운하기

화를 폭발시키지 않고 잘 다루려면 어떻게 해야 할까요?

먼저 자신의 마음이 불편해지는 이유를 알고 있으면 좋아요. '분노일기'를 작성해보면 도움이 되죠. 분노일기에는 어떤 사건이 있었는지, 그때 어떤 생각이 화를 일으켰는지, 분노의 강도는 어느 정도였는지, 신체적으로는 어떤 증상이 있었는지, 그때 어떻게 행동했는지를 적어보세요. 그러면 어떤 때 자신이 분노하는지 알게 되고 그런 상황이 다가오면 조심할 수 있어요.

그다음으로는 자신이 화를 잘 참지 못한다는 사실을 인정하는 것이에요. 심장이 빨리 뛰고 근육이 경직되는 등 화날 때의 신체적 반응이 나타날 때, 자신이 곧 화를 내리라는 것을 인식하기만 해도 분노를 다루기가 좀더 쉬워질 수 있어요.

또한 분노가 치솟아오르면 그 상황을 벗어나서 차분해지기를 기다려보세요. 분노는 90초 이상 지속되지 않는다는 연구 결과가 있어요. 그러므로 산책하거나 바깥바람을 쐬면서 마음이 차분해지면, 그때 문제를 해결하도록 하세요.

마음속으로 열까지 숫자를 세거나 눈을 감고 심호흡을 하는 것도 마음의 폭풍을 가라앉히는 데 도움이 돼요. 그래도 마음이 답답하면, 친구에게 자기 마음을 차분히 표현하는 것도 좋아요. 그러다 보면 분노의 마음이 가라앉고 어떻게 해야 할지 생각하는 데 도움이 돼요.

우등생보다 분노 조련사가 되어야 해

앞서 말한 방법이 효과적이긴 하지만, 분노는 매우 강한 감정이기 때문에 완벽하게 막을 수는 없어요. 그러므로 화를 적절하게 관리하는 것이 중요해요.

먼저 자신이 화가 난 이유를 살펴보세요. '반드시 ~해야 한다'라는 자신의 기대가 어긋났기 때문은 아닌가요? 그럴 땐 나의 기대가 상대방에게도 같은지, 그것이 잘 전달되었는지 생각해보세요. 만약 여러분의 생각이 자기중심적이고 상대가 받아들이기 어려운 것이라면 과감히 버리세요. 화를 줄일 수 있을 거예요. 그리고 '사람이 그럴 수 있지' '무슨 이유가 있겠지' 하고 상대방의 관점에서 이해하려는 태도를 가져보세요.

그리고 분노로 드러나는 마음속 상처를 찾아보세요. 대인관계에서 받은 상처로 인해 생긴 분노는 오랫동안 마음속에 남아서 여러분을 괴롭힐 거예요. 그럴 때는 상처를 준 친구에게 하고 싶은 말을 편지 형식으로 써보세요. 그러한 과정에서 오래된 분노를 털어낼 수 있을 거예요. 그 과정에서 여러분을 힘들게 한 친구를 용서할 수 있다면 분노에서 벗어나 평안한 삶을 살 수 있을 거예요.

분노가 말로 풀릴 수 있다고?

분노를 표현하고 싶다면 당당해야 해요. 이때는 자신이 하고 싶은 말을 하되 상대방을 존중하는 태도로, '나' 메시지 전달법으로 하면 좋아요. 예를 들어, 친구가 약속 시간에 늦게 오면 "너 왜 이렇게 늦었어?" 하고 말하기 쉬워요. 이것은 '너' 메시지 전달법이에요. 그렇지 않아도 늦어서 마음이 불편한 친구에게 이렇게 말하면 친구는 지적받는 것처럼 느낄 거예요. 이러면 친구에게 미안하기보다 "내가 뭘 잘못했는데?"라는 반응이 나타날 수 있어요. 결국 여러분이 말하려고 하는 것을 제대로 전달하기 어려워져요.

이와 반대로 '나' 메시지 전달법은 객관적으로 상황을 말하고 자신의 감정과 바라는 점을 구체적으로 표현하는 것이에요. "나는 네가 늦으면, 걱정도 되고 짜증이 나. 그러니까 다음부터는 제시간에 오면 좋겠어"라고 말하는 거예요.

상대방이 나를 비난하는 말을 하면 기분이 나빠지죠? 이때 화를 내거나 꾹 누르는 대신에 자신의 감정과 생각을 담담하게 표현하는 것이 좋아요. '옷이 안 어울린다' 같은 주관적인 비판에 대해서는 그냥 흘려버리세요. 그리고 상대방의 비판이 진실로 자신을 위한 것이라고 여겨진다면, "고마워. 다음번에는 실수 없이 잘할게" 하고 긍정적인 반응을 보이세요. 하지만 지나친 비판이라는 생각이 들면 인정할 부분은 인정하고 자신의 뜻을 분명히 밝히세요. 이때도 상대방을 존중하는 태도를 보이면서 자기가 하고 싶은 말을 하면 좋아요. "충고해줘서 고마워. 하지만 나는 ~에 초점을 둔 거야. 나에게 관심을 가지고 충고해주는 것이니 앞으로 노력할게"라고 말하면 상대도 기분이 나빠지지 않을 거예요.

왜 상대방을 존중해야 할까요? 우리는 모두 자신이 하고 싶은 말을 속 시원하게 말하는 게 아니라 상대방과 좋은 관계를 유지하기 위해 감정을 표현하는 것이니까요.

자존감이 올라가면 분노는 작아진다

분노의 감정을 조절하려면 무엇보다 자존감을 높여야 해요. 다른 사람에게 인정받고 싶어하는 마음이 거절되거나 무시당할 때 화가 나요. 그러므로 이런 인정을 바깥에서 찾기보다 스스로 칭찬해준다면 남이 뭐라 해도 흔들리지 않게 될 거예요. 거울 앞에서 "나는 소중한 존재이다" 하고 자주 외쳐보세요. 이 방법은 매우 효과적이에요.

또한 사소한 일에도 감사하는 마음을 가지면 분노가 우리를 괴롭히기 힘들어지죠. 좋은 음식을 먹고 운동하고 긍정적으로 생각하는 연습도 분노를 잘 다루는 데 필요한 일이에요.

분노에 지배되어 모든 게 마음에 들지 않으면 매일이 힘들겠죠? 그보다 분노를 적절히 다루며 행복하고 만족스러운 일상을 꾸려가고 싶을 거예요. 내 선택에 따라 삶이 달라진다면 여러분은 어떻게 살고 싶나요?

"불쑥 솟아오르는 분노를 다룰 수 있는 사람은

바로 나 자신이에요."

조별과제 하다가
폭발하지 않는 법

23장

장점이 전혀 없는 저도 사랑받을 수 있나요

자기 비난과 마주할 시간 갖기

선생님, 저는 소희예요. 얼마 전 친구가 제게 현재 자기 모습을 사랑하냐고 묻더라고요. 저는 뚱뚱하고 소극적인데다 친구를 사귀는 일에도 서툴러요. 그래서 "나는 사랑할 만한 점이 하나도 없어. 고쳐야 할 것이 너무 많아"라고 답했어요. 저는 다른 친구들처럼 공부도 잘하고, 얼굴도 예쁘고, 성격도 좋았으면 하지만 항상 제 마음속 기준으로 보면 너무 부족한 것 같아요. 특히 친구들의 SNS를 보면 더더욱 제가 초라하게 느껴져요. 다른 친구들은 행복하고 친구도 많은 것 같거든요. 이렇게 비교하다 보면 점점 자신감이 떨어지는 것 같아요. 이러다 사소한 실수라도 하면 '난 왜 이것밖에 안 되는 걸까' 하며 스스로 가혹하게 대할 때도 많고요.

남에겐 다정하고 나에겐 냉정한 우리

어째서 우리는 소희처럼 자신에게 만족하지 못하는 걸까요? 이것은 마음속에 불친절하고 가혹한 '자기 비난꾼'이 자리 잡아서, 스스로 만든 높은 기준에 도달하라고 끊임없이 닦달하기 때문이에요. 항상 평가하고 비판하는 엄격한 선생님을 학교에서 만나면 힘들잖아요. 그런데 항상 함께하며 여러분을 향하여 쉼 없이 '더 잘하라'라고 요구한다면 얼마나 괴롭겠어요. 더구나 이런 요구를 아무리 노력해도 충족시킬 수 없다면 어떻겠어요? 자신을 더욱 비난하게 될 거예요.

이러한 자기 바판을 계속 듣다 보면 그것을 사실로 받아들이게 돼요. 그래서 '너는 어차피 못해' 하는 말을 들으면, '왜? 해보지도 않았잖아!' 하고 반박하지 못해요. 오히려 '나는 못한다'면서 스스로를 하찮게 여기고 무기력에 빠지게 돼요. 그러다 보면 긴장이나 불안, 탈진과 같은 심리적 어려움을 겪게 될 수 있어요.

자기 비난은 들어주되 믿지 말자

자기 비난에서 벗어나 자신을 사랑하면서 만족과 기쁨을 누리려면 어떻게 해야 할까요?

먼저 자기 비난을 멈추세요. 이런 비난은 자신도 모르게 습관처럼 형성돼 자각하지 못하는 경우가 많아요. 그러므로 자기를 비난하는 목소리가 있음을 알아차려야 해요. 어느 순간 자신을 가혹하게 평가하고 상처 주는 생각이 떠오르면 물어보세요. '지금 나 자신을 비난할 이유가 있는가?' 하고요. 그냥 넘어갈 만한 일인데도 '자기 비난꾼'이 트집을 잡을 때가 많아요. 그럴 땐 '내 속의 비난꾼아, 오늘은 또 뭐라고 할 건데?' 하면서, 객관적인 태도로 자기를 비난하는 생각을 물리쳐보세요.

그리고 자기를 비난하는 생각들을 억누르려고 하지 말고, TV 속 광고를 보듯 '들어는 주되 믿지 않는' 태도를 가져보세요. 광고 속에서 아무리 좋은 제품이 나왔다고 해도 그것을 그대로 믿고 당장 사러 가지 않는 것처럼, 비난의 소리가 들려도 그 말에 영향은 받지 않는 것이지요.

또한 자기 비난이 불쑥 나를 괴롭히는 순간을 목록으로 정리해보는 것도 좋아요. 하루 동안 일어난 자신에 대한 부정적 생각을 적어보면, 많은 일들이 어쩔 수 없거나 터무니없다는 사실을 발견하고 자기 비난을 줄일 수 있을 거예요.

그리고 자기 비난이 만족하는 기준을 자세히 적어보세요. 주근깨 없는 피부 혹은 전 과목 만점, 친구와 절대 다투지 않는 관계 등은 결코 현실적이지 않아요. 이런 비현실적 기준을 버리고, 자신을 그대로 받아들이도록 노력하세요. 세상에 완벽한 사람은 없어요. 여러분은 어떤 것을 잘해서 사랑받는 존재가 아니라 그 자체로 소중한 사람이라는 것을 기억하세요.

진짜 내 친구는 내가 되어야 해

자기 자신을 친구 대하듯이 친절하게 대해주세요.

만약 친구가 시험을 못 봐서 힘들어하고 있다면 여러분은 어떻게 말할까요? "이 바보야, 시험 공부를 그 모양으로 하니까 그렇지" 하고 말하는 사람은 없을 거예요. "속상하겠다. 그래도 너는 최선을 다했어" 하고 친절하게 말해주겠죠?

이와 마찬가지로 실망스러운 순간이 찾아오면 친구에게 대하듯이 자신을 위로하고 친절하게 말해주세요. "지금의 너는 문제가 없어. 지금 힘든 것은 아주 당연한 거야. 누구라도 그럴 수 있어" 하면서 자신의 힘든 상황을 받아들이고 마음을 진정시켜 주세요. "너는 최선을 다했어. 이런 일 때문에 자신을 비난할 필요는 없어"라고 비난에 대처하는 말을 해주세요. 그리고 "다 잘될 거야" 하면서 자신을 위로해주고요.

자기 비난에 익숙하면 스스로 위로하기가 쉽지 않아요. 그러므로 자기를 위로하는 말을 자주 볼 수 있는 곳에 기록해두고 자기를 비난하는 마음이 들 때마다 읽으면 도움이 될 거예요.

그리고 내가 행복해지는 길을 선택하세요. 지금 내가 무엇을 하면 행복할지를 자문하며 자신의 바람에 따라 행동하는 것이에요. 다른 사람의 기준이나 요구에 따르지 않고 자신이 바라는 것에 충실하려고 하면 다른 사람의 기대를 저버릴 용기가 필요할 때도 있을 거예요. 그렇다고 자신이 행복해지려고 다른 사람을 배려하지 않고 자기 마음대로 삶을 즐겨도 된다는 말은 아니에요. 당연히 원하는 대로 다 행동할 수는 없을 거예요. 다른 사람과 타협하고 양보해야 할 때도 있지만, 자신의 마음속 느낌에 주목하고 가장 중요하게 여기는 가치를 인식하며 그것을 존중해준다는 뜻이에요.

이것을 위해 '피하고 싶은 행동'과 '자주 실천하고 싶은 행동'

목록을 적어보세요. 좀더 행복한 삶을 위해 자신이 진정으로 원하는 것과 성숙한 변화를 위해 해야 할 일에 대해서 더 잘 알아보는 거죠. 이렇게 다른 사람이 아니라 자신만의 기준에 따라 용기를 갖고 최선을 다하면 스스로 만족하고 행복한 삶을 살 수 있을 거예요.

세상에서 자신이 가장 부족하고 불행한 사람이라는 생각으로 괴로워하고 있나요? 다른 사람의 겉모습이 화려하고 좋아 보이지만, 실제로는 모두가 자기만의 어려움을 겪고 있어요. 또한 살면서 일어나는 모든 일을 자신이 통제할 수 있다고 생각하지만 그럴 수 없는 경우가 너무나 많고요. 자신이 어찌할 수 없는 것에 대해서 자기를 비난하는 것은 너무나 억울한 일이에요. 이제 자신에게 돌리는 비난을 멈추고 자신을 친절하게 대해주고 격려해주세요.

"자기 자신을 친구 대하듯이
친절하게 감싸주세요."

　스스로 행복하기 위해서는 자신에게 관심을 갖고 자신이 어떤 사람인지 잘 아는 것이 매우 중요해요. 나의 성격은 어떤지, 잘하는 것과 못하는 것은 무엇인지를 알고 내가 진정 원하는 것이 무엇인지를 아는 것이지요. 지금 자신의 신체 반응이나 감정, 느낌이 무엇인지, 그리고 그런 감정은 내 마음의 어떤 욕구 때문에 생겼는지를 알려고 하는 것이에요. 감정일기를 쓰거나 자신을 잘 이해해주는 사람과 이야기하다 보면 이런 것을 알아차릴 수 있어요. 사람들을 벗어나 혼자만의 시간을 가지면서 생각하는 것이 도움이 돼요.

자신에게 긍정적 메시지 주기

마음의 에너지가 소멸되고 있는 것처럼 느껴질 때, 자신의 장점이나 성공했던 경험을 적어보면 마음에 긍정적 에너지가 생겨요. "나는 충분히 가치가 있고 지금 잘하고 있어"라고 자신을 격려해주는 말을 하는 것도 도움이 돼요. 현재 감사할 것들을 찾아서 감사일기를 써보는 것도 좋아요.

신체적으로 릴랙스하기

몸이 건강해야 마음도 건강하다는 것을 잘 알고 있지요? 잘 먹고 잘 쉬고 무리하지 않을 정도의 운동이나 산책, 명상, 호흡을 통해서 몸을 편안하게 해주세요.

자신에게 보상해주기

자신이 하고 싶은 것을 하면서 자신에게 즐거움을 주는 것이에요. 좋아하는 영화를 보거나 음악을 듣고, 책을 읽거나 좋아하는 것을 먹고, 꼭 사고 싶었던 것을 살 수도 있고요. 가보고 싶었던 곳으로의 여행이나 마음에 맞는 사람과 만나서 수다 떨기 등등이 있겠지요.

※※※

다른 사람들은 다 잘 지내는 것 같은데 나만 부족하고 못나게 느껴지기도 해요. 이것은 '내 마음을 돌봐야 할 때'라는 신호등이 켜진 순간이에요.

그럴 때 동네에서 조금 떨어져 있는 작은 숲으로 산책을 가보세요. 그곳의 공기를 느끼고 초록 잎들을 바라보는 것만으로도 마음에 힘을 얻게 돼요. 천천히 걸으면서 일상으로 되돌아올 수 있는 힘을 충전하는 거죠.

산책이 어렵다면 내 마음을 글로 써봐요. 누가 보는 게 아니니까 그 순간의 마음을 진솔하게 쓰는 것이에요. 그러면 내가 무엇 때문에 힘들어하는지를 알게 되고, 그 일이 그렇게 큰 문제가 아니라는 것을 느끼게 돼죠. 여전히 마음이 답답하면 나에게 "괜찮아, 잘될 거야"라고 말해줘요. 그러면 마음이 가벼워질 거예요.

마음을 돌보기 위한 또 다른 방법은 책을 읽는 것이에요. 저는 용기를 주는 글을 읽거나, 역사나 여행과 관련된 책을 읽으면서 과거의 세계로, 먼 나라로 마음의 여행을 다녀오기도 해요. 여러분도 좋아하는 분야의 책을 읽어보세요. 그러면 마음이 따뜻해지며 새 힘을 얻게 될 거예요.

내 마음 먼저 평화롭게

저는 친구가 많은 사람이 아니에요. 오히려 사람을 어떻게 대해야 할지 몰라서 쩔쩔매는 사람이지요. 그래서 관계에서 어려움을 겪는 청소년들에게 힘이 되고 관계 갈등에 도움을 주고 싶어서 글을 시작했어요. 그동안 만났던 청소년들을 하나씩 떠올리면서 저도 제 자신과 주변 사람들과의 관계를 돌아보는 기회가 되었어요. 그리고 좋은 관계를 맺는 데 꼭 기억해야 할 실질적인 방법이 무엇인지 잘 알게 된 것 같아요.

여러분도 좋은 친구를 만나고 좋은 친구가 되려면 이런 점들을 꼭 기억해주세요.

첫째, 관계 갈등을 해결하자면 먼저 자신을 사랑해야 해요.

다른 사람의 평가에 지나치게 신경 쓰지 않고 나를 사랑하고 인정해주는 마음을 갖는 것이지요. 남과 비교하지 말고, 나의 부족한 점은 인정하며 받아들이면서 장점을 살리며 만족하는 거죠. 그러다 보면 친구가 다가오게 돼요. 자신을 사랑하는 사람은 스스로에게 너그럽고 힘들 때도 툴툴 털고 일어날 수 있어요. 그런 사람은 혼자 있어도 외롭지 않죠. 남을 의식하지 않고 자신감을 가지고 생활하다 보면, 그런 당당함이 친구에게 매력적으로 보일 거예요.

둘째, 진정한 관계는 서로 동등하다는 사실을 인정할 때에 비로소 시작돼요. 친구 사이에서도 서로 존중하고 예의를 지키며 상대방의 영역을 침범하지 않는 태도가 필요해요. 마찬가지로 부모와 자녀도 서로를 하나의 인격으로 존중하고 동등한 위치로 대하는 것이에요. 제 이야기가 동등하다는 이유로 어른들에게 함부로 대들어도 된다는 의미가 아니라는 것은 알겠지요? 부모님도 자녀를 존중하고, 자녀도 부모님을 존경하며 할 도리를 다해야 하죠. 이것은 형제자매나 이성 친구와의 관계, 선생님들과의 관계에서도 적용되는 거예요.

셋째, 좋은 관계를 원한다면 내가 대접받고 싶은 대로 상대방을 대해야 한다는 것이에요. 상대방이 나를 이해해주고 인정해주기를 바란다면, 나도 상대방을 그렇게 대해야 관계를 발전시킬 수 있어요. 내가 듣고 싶은 말은 상대방도 듣고 싶을 테니까요.

이런 점들을 기억하고 실천하면 여러분의 관계 갈등은 해소되고 친구 관계도 단단해질 거예요.

여기에 소개된 청소년들의 이야기는 여러 가지 사례를 엮어서 구성된 이야기예요. 모두들 나와 마음을 깊이 나누었던 청소년들이 주인공이에요. 또한 그 친구들의 고민에 꼭 맞는 해결책을 찾고자 그들과 함께했던 상담자로서 나의 마음도 담았어요.

주인공이 되어준 모든 청소년과 책이 완성되도록 도움을 준 모든 분, 끝까지 읽어주신 여러분께 감사한 마음을 전하고 싶어요. 그리고 이 글을 읽는 모든 분이 다른 사람과의 관계에서 겪었던 상처를 위로받고 자신을 사랑하는 단단한 마음으로 앞으로 나가길 바라면서 이 글을 마칠게요.

힘들 때 펴보는 특별한 책

여러분 마음이 힘들어질 때, 읽으면서 여러분의 마음을 보듬어보도록 다음의 책들을 추천할게요.

☞ 응원이 필요하다고?

　　공지영, 《네가 어떤 삶을 살든 나는 너를 응원할 것이다》, 해냄, 2016.

☞ 내 마음과 먼저 친구 되기

　　김은재, 《십 대를 위한 쓰담쓰담 마음 카페》, 사계절, 2020.

☞ 우정은 나와 타인을 이해하는 법

　　앙투안 드 생텍쥐페리, 《어린 왕자》, 김화영 옮김, 문학동네, 2007.

☞ 관계 갈등은 감정 이해가 중요해

　　웰시, 《토닥토닥 마음톡》, 리듬문고, 2019.

☞ 자존감을 키우면 스트레스도 안녕

　　윤홍균, 《자존감 수업》, 심플라이프, 2016.

☞ 갑자기 모든 게 막막할 때

　　정호승, 《내 인생에 용기가 되어준 한마디》, 비채, 2013.

5·18 민주화운동 40주년 기획 소설
저수지의 아이들
정명섭 지음 | 12,000원

1980년 5월 18일, 당시 광주에서 일어난 '저수지 총격 사건'과 '미니버스 총격 사건'을 모티브로 한 책. 한 번도 다뤄지지 않았던 무고한 소년 희생자들에 주목한 저자는 생생한 고증과 묘사로 독자 스스로 자연스럽게 역사의 현장으로 다가가도록 이끈다.

'말'이 '칼'이 되는 순간
취미는 악플, 특기는 막말
김이환·정명섭·정해연·조영주·차무진 지음 | 13,000원

젊은 작가 5인이 각기 다른 사회적 시선에서 '말'에 대한 이야기를 흥미롭게 풀어낸 이 책은 왕따, 사이버폭력, 질투와 시기 등 현재 청소년들이 겪고 있는 문제들을 현실감 있게 그려내고, 말의 가치와 무게에 대해 생각해볼 수 있는 화두와 상상력을 제공한다.

한국전쟁 71주년 기획 소설
1948, 두 친구
정명섭 지음 | 12,000원

해방 후 남한으로 피난을 온 희준과 일본 오사카에서 귀국한 주섭. 마음이 통하는 친구를 만난 즐거움도 잠시, 총선거를 앞두고 치열했던 이데올로기의 대립은 두 친구에게도 들이닥친다. 10대들에게 전쟁의 폭력과 평화의 필요성을 일깨워주는 작품.

성장통 이후에 깨닫는 나다움의 의미
어느 날 문득, 내가 달라졌다
김이환·장아미·정명섭·정해연·조영주 지음 | 13,000원

모두가 한 번쯤 성장통처럼 겪는 10대의 몸에 관한 이야기를 독특하고 흥미롭게 풀어내는 단편소설집. 젊은 작가 5인은 이 작품에서 섬세한 언어로 낯설고 당황스러운 몸에 관한 10대들만의 감정을 풀어낸다

나를 즐겁게 하는 것들과 나 자신 사이의 적정 거리
자꾸만 끌려!
김이환·장아미·정명섭·정해연·조영주 지음 | 13,000원

이 책은 스트레스로부터 벗어나고 더 행복해지기 위해 시작한 것들에 '중독'되어 일상이 파괴되는 청소년들의 모습을 솔직하게 보여준다. 스마트폰과 게임, 다이어트를 비롯해 인정과 관계 중독까지, 다층적인 시선으로 청소년들의 마음 건강을 위협하는 문제들을 다룬다.

너무 힘들 때, 나를 보호해줄 유리가면이 있을까?
유리가면
조영주 지음 | 13,500원

이 책은 왕따 문제뿐만 아니라 자신의 진로를 찾지 못해 고민하고, 친구들의 삶을 곁눈질하는 데 익숙한 청소년들에게 삶의 중심에 무엇을 둬야 하는지 생각해보도록 돕는다. 또한 우정은 한쪽의 희생이 아니라 서로의 존재를 인정하는 것임을 따스한 시선으로 보여준다.

엄마가 좀비가 된다면 어떻게 할래?
엄마는 좀비
차무진 지음 | 13,500원

이 책은 중학교 3학년인 녹현이의 시점으로 좀비 사건을 둘러싸고 벌어지는 가족과 친구들 사이의 소동을 그려냈다. 녹현이는 엄마를 회복시키기 위해 노력하며 사랑이란 추상적인 감각이 아니라 누군가를 돌보고, 또 그를 이해하려는 의지이자 행동임을 배워간다.

모두에게 익숙한 소년과 처음 만나는 나 사이
보이 코드
이진·전건우·정해연·조영주·차무진 지음 | 13,500원

이 책은 보이지 않지만 공기처럼 우리의 삶을 지배하는 성역 할과 고정관념에 대해 질문하고, 소년에게 붙은 '남자다움'이 라는 꼬리표에 의문을 제기한다. 또한 꼬리표 바깥에서 만나 는 삶은 어떤 가능성으로 채워져 있는지를 탐색하며, '자기다 움'에 대해 생각할 수 있도록 이끈다.

개인 맞춤형 메타버스 학교부터 우주 도시의 혼합 학교까지
100년 후 학교
소향·윤자영·이지현·정명섭 지음 | 13,500원

이 책의 작가들은 각자의 속도로 당도한 미래 속 학교와 학생 들의 이야기를 자유롭게 펼쳐낸다. SF에 기반한 이야기를 통 해 100년 후 학교를 상상하다 보면 우리는 미래에도 달라지지 않는 학교의 본질을 느끼게 된다.

엄마까지 사라져버린 이 세상은 어떻게 돌아가는 거야?
엄마가 죽었다
정해연 지음 | 13,500원

이 책의 주인공 15살 민우는 사망한 엄마가 남긴 다이어리에 서 무언가를 추적했던 엄마의 흔적을 발견한다. 엄마를 죽음 으로 내몬 다른 원인이 있다고 판단한 민우는 그 비밀을 파헤 치기 시작한다. 보이지 않는 악에 가장 예민하게 반응하는 사 춘기 소년의 날카로운 시선을 따라가다 보면 독자들은 우리 사회의 문제가 과연 무엇 때문에 발생하는지 짐작할 수 있다.

조별과제 하다가 폭발하지 않는 법

초판 1쇄 발행 2023년 12월 24일
초판 2쇄 발행 2024년 7월 26일

지은이 | 윤미영

발행인 | 박재호
주간 | 김선경
편집팀 | 강혜진, 허지희
마케팅팀 | 김용범
총무팀 | 김명숙

디자인 | 형태와내용사이
교정교열 | 문혜영
종이 | 세종페이퍼
인쇄·제본 | 한영문화사

발행처 | 생각학교
출판신고 | 제25100-2011-000321호
주소 | 서울시 마포구 양화로 156(동교동) LG팰리스 814호
전화 | 02-334-7932 · **팩스** | 02-334-7933
전자우편 | 3347932@gmail.com

ⓒ 윤미영 2023

ISBN 979-11-91360-95-0 (43180)